無理なく
限界を突破するための
心理学

突破力

メンタリスト
DaiGo

まえがき　無理なく限界を突破する方法

「限界を超えたい！　今の自分を超えて、もっと凄い人間になりたい！」

私がそう思ったのは、テレビに出始めたころのことです。

メンタリズムのパフォーマンスが評判を呼んだまでは良かったものの、**やがて休むヒマもない過密スケジュールがスタート。忙しさと激しいプレッシャーのせいで、私の心はさいなまれていきました。**

人間は、ストレスで合理的な思考力を失う生き物です。追い詰められた私は、やがてこう思うようになりました。

「芸能界では生まれつきの才能を存分に発揮できていない。自分の殻さえ打ち破れば、もっと新たな可能性が開けるはずだ！」

その後、私は自分の限界を超えるために、いったんメンタリズムのパフォーマンスをひかえてテレビ界から距離を置くことに。そして、どこにあるともしれぬ別の世界を求めてさまよい続けました。

しかし、そんなあいまいな気持ちで行動したところで、物事がうまく進むはずがありません。新しい可能性が見つかるどころかどんどん仕事は減っていき、一時は月収3万円の状態になってしまったのです。

そして、どん底まで落ち込んだところで、私はようやく気づきます。**「今の自分は本当の自分じゃない」とは、ただの思い込みではないのか？ 自らの本当の限界を認められず、ありもしない理想を追い求めていただけではないのか？**

この心理を、科学の世界では〝バイアス〟と呼びます。

バイアスとは何か。その定義は、**「人間の脳に備わった思い込みや先入観のこと」**。

↓

詳しくは第1章から説明しますが、気づかぬうちにあなたの心を乗っ取り、間違った行動に導く「思考のクセ」のようなものです。

つまり私は、「自分の殻さえ打ち破れば……」というバイアスにとらわれ、ムダなチャレンジを続けていたわけです。

心理学を学んだ身でありながらあまりにも遅い気づきでしたが、これもバイアスの恐ろしさなのでしょう。芸能界のストレスに飲み込まれ、思い込みに取り憑かれていたようです。

あらためてバイアスの影響力を痛感した私は、これから本書で説明していくステップを愚直にくり返し始めました。

ステップ1 自分のバイアスを認識する
ステップ2 バイアスを乗り越えて、より確からしい仮説を導く
ステップ3 仮説が正しいかどうかを淡々と検証する

まずは人間の脳にプリインストールされた思考のクセを認識し、その罠を避けるのがは

じめの一歩。バイアスをかわして合理的な判断力が高まったところで、より最適解に近そうな対策を考えていきます。後はその対策を試して効果を確かめるのみ。このくり返しによって、私はやがて芸能界とは異なるビジネスの世界に進み、テレビに出ていたころとは比べものにならない収入を手にするようになりました。

つまり本書でお伝えしたいのは単純に限界を超えるためのノウハウではなく、自分の思考のクセに気づき、効率良く成功に近づくための方法論です。たんに「限界を超えよう!」と思ったところで正しい道は見えませんし、いたずらに時間を消耗するばかり。事実、何も考えずに限界を超えようとしていたら、今の私はなかったでしょう。

かつて私がハマったような回り道をしないために、ぜひ本書を有効活用してください。

CHAPTER 2 バイアスから逃れて自由になるための4つの扉

CHAPTER 3

知るだけでかかりにくくなるバイアスの罠20

CHAPTER 4 無理なく限界を超える3つの突破力

突破力3 知的謙遜

CHAPTER 5 限界を突破してチャンスをつかむ! 10週間プログラム

ムダな後悔とミスを減らすためのトレーニング

一歩を踏み出してチャンスをつかむためのトレーニング

CHAPTER

1

限界にまつわる3つの勘違い

「限界を超えよう！」「自分のリミッターさえ外せば、誰でも最高のパフォーマンスを発揮できる！」。

このようなアドバイスをよく見かけます。自己啓発書、ネットのライフハックサイト、ビジネス系のセミナーなど媒体はいろいろですが、どれも話のポイントは変わりません。あなたの可能性は無限であり、今の「限界」さえ突破できれば仕事も人生もうまくいく。みんな自分の中に限界を作り出しているだけなのだから、ただ自分の殻を破りさえすればいいのだ……。

そんな威勢のいい言葉で読み手や聞き手の気分を盛り上げるのがお決まりのパターンで、今もコーチングの世界などでは頻繁に使われます。

この他にも、ブレイクスルーを起こす、壁を壊す、生まれ変わる、ビリーフチェンジするなどの表現がありますが、どれも言っていることは同じです。これだけ似たような主張が支持を集める現象は、自己の限界に悩んでいる人が多い証拠でしょう。

しかし、このアドバイスは正しいのでしょうか？　本当に自分の限界さえ超えられれば、誰でも生まれ変わったようにパフォーマンスが上がり、圧倒的な成果を出すことができるのでしょうか？

※ビリーフチェンジ…信念や思い込み、固定観念の書き換えをする心理技法

■「限界さえ超えればうまくいく」の嘘

答えはノーです。

心理学の世界では「これさえ変えればすべてうまくいく」といった都合の良い概念は見つかっていませんし、何よりも「限界を超える」のような定義しづらい物言いが科学の考え方になじむはずもありません。

どれだけ自己啓発のコーチやコンサルタントが耳なじみの良いフレーズを叫ぼうが、彼らのアドバイスが実証されたケースは1件も存在しないのです。

例えば、かつて「イエール大学の目標調査」という研究が自己啓発書をにぎわせたことがありました。

これは「目標を紙に書き出すとどうなるか？」という問題を検証した調査のことで、イエール大学が自分の夢をメモに残した学生を20年に渡って追跡したところ、何もしなかった者に比べて、なんと20倍もの資産を手に入れていたのです。

驚くべき結果に自己啓発の世界は大いに盛り上がり、「目標を書き出すと夢がかなう！」や「手帳に書くだけで自分を変えられる！」などと主張する本が続出。最近では「引き寄せの法則」のようなスピリチュアル系の書籍でも見かけます。

が、この話には大きな問題がひとつだけあります。**実は「イエール大学の目標調査」などという調査は、この世に存在しない**のです。

過去に私も調べてみたのですが、いくら探しても根拠となる論文は見つかりませんし、他の文献への引用も見当たりませんでした。さらには、イギリスのジャーナリストがイエール大学の職員にインタビューを行ったところ、「そのような研究が行われたことはない」との答えが返ってきたそうです。

つまるところ、あれだけもてはやされたデータはデマでした。**自己啓発の主導者達は、調査が本当に行われたのかすら確認せず、どこかから聞いた噂をふれまわっただけ**だったわけです。

自己のアップデートにショートカットはない

この手のアドバイスは、たんに効果がないだけならいいのですが、実際には大きな害をもたらします。「限界を超えればうまくいく」や「ビリーフチェンジしよう」といった考え方は、あなたに「何かをやりとげた気分」を植えつけるだけの、強力な心理トラップだからです。

当然ながら、現実には自己改善への道は容易ではありません。例えば、成功を目指して英語やプログラムなどを学ぼうとしても習得まで数千時間はかかりますし、さらに他人より秀でるためには膨大な年月が必要となります。まさにイバラの道です。

とはいえ、この道を行かなければ前に進めないのも事実。自己のアップデートにショートカットはなく、ひたすらイバラをかき分け続けるしかないのです。なんともツラい話ですが、この真理を受け入れたうえで努力を重ねる道を探すのが、本来の自己啓発であるべきでしょう。

しかし、自己啓発のアドバイスは、ここで甘い蜜を差し出してきます。

「限界さえ超えれば……」「自分の殻さえ破れば……」「ポジティブでさえあれば……」「自信さえあれば……」。

イバラの道を避けられると言われれば、誰でも少しは心がなびくもの。いったん甘い言葉を信じた直後から努力のモチベーションは消え失せ、ただ口を開けてエサを待つヒナのような状態になります。自己啓発のアドバイスにハマる心理は、宝くじで一発逆転を狙う状態と同じです。

もちろん、すべての自己啓発がダメだとは言いません。科学的なデータに基づかなくとも、個人の体験やアイデアから導き出された知恵には、それなりに参考にすべき点もあるでしょう。

問題なのは、あなたに安易なショートカットを差し出して良い気分にだけさせ、本来の自己改善をジャマするタイプの自己啓発です。これを見抜くのは簡単ではありませんが、**「限界突破」「ビリーフ」「引き寄せ」などのワードが出てきたら要注意。くれぐれも近づかないようにしてください。**

知らないうちに最短で、成功に近づく人の秘密とは？

何度も言いますが、自己の改善は苦難の連続であり、「これさえやればＯＫ」といった成功法則はありません。

なんともツライ真理ですが、それでは私達はイバラの道に対して完全に無力なのでしょうか？　ただひたすら「耐え難きを耐え、忍び難きを忍ぶ」しかないのでしょうか？

安心してください。

幸いにも現代の科学では、「限界を超えろ！」や「ポジティブになれ！」よりも確実に人生の成功率を上げる方法が見つかっています。人生にショートカットはないものの、行く手をはばむイバラの本数を減らすことならできるのです。

果たして、「限界を超える」よりも大事なこととは何か？　その答えは第1章から解説するとして、まずはひとつだけ押さえておいてください。

もうおわかりでしょうが、本書は素直に「限界を超える方法」を教えるような内容ではありません。

私がここからお伝えしていくのは、自分の殻を破るための技術ではなく、殻の正体を正確に見抜き、そのうえで正しくあつかうためのテクニックです。限界を超えるのではなく、逆に自己の限界をしっかりと見極めつつ、限界とうまく付き合う道を探すのです。

投資の神様ウォーレン・バフェットは、こんな言葉を述べています。

「エキスパートでない場合は、自分の限界を認識して、道理にかなった収益を確実に上げられるコースを選ばねばならない」。

よほどの天才や上級者でもないかぎり、限界を超えるよりも限界を見定めるのが正しい投資の道だ、というわけです。

人生も同じです。本書で紹介する科学的なテクニックを実践すれば、あなたは自己の限界とうまく付き合えるようになり、知らないうちに成功に近づくことでしょう。

「まえがき」では、「限界を超えよう！」といったアドバイスの嘘をお伝えしました。このようなフレーズは威勢のいいかけ声でしかなく、あなたの人生を良い方向へは導きません。

真に大事なのは、自己の限界を正しく見極めること。そして、限界を超えるよりも大事な〝あること〟を愚直に行うことです。

そこで本章では、まず「限界」を正しく理解するための3つのポイントをお伝えします。

ポイント1　そもそも限界は突破できないし、する必要もない

ポイント2　限界があることは問題ではない

ポイント3　限界がないのは人の愚かさだけ

いずれも自分の限界を正しくあつかうための大事なポイントであり、自己啓発のいかにも人のためという見せかけのフレーズとは無縁です。最後まで読み進めれば、あなたは科学的に正しく限界を超えるためのマインドが身につくでしょう。

勘違い

01 そもそも限界は突破できないし、する必要もない

あなたの性格の半分が遺伝で決まる

「自分の限界さえ超えられれば、もっとうまくいくのに……」。

もしそう思うようなことがあったら、まず考えてほしいことがあります。それは、**「そもそも限界は突破できないし、する必要もない」という事実**です。

この点については、深く考えるまでもないでしょう。体格、かけっこのスピード、心肺機能など、私達の能力の上限は、多くが生まれつきの遺伝子で決まっています。

「もっと身長が高ければよかった」と悩むのは自由ですが、「『背が低い』という限界を

超えるぞ！」と頑張っても意味はありません。そもそも突破できないし、する必要もないからです。

生まれつき決まるのは身体能力だけではありません。あなたの内面も、かなりの部分は遺伝に左右されます。

代表的な例は「性格」です。近年では双子のグループを対象にした研究が進み、遺伝が人間のパーソナリティに与える影響がわかってきました。

２００３年にビーレフェルト大学から出た論文では、性格がどこまで遺伝で決まるかを数値で示しています。

・好奇心が強いかどうか＝45％
・物事にマジメに取り組めるかどうか＝38％
・社交的で人と話すのが好きかどうか＝49％
・人当たりが良くて他人と協力するのが好きかどうか＝35％
・不安やイライラが起きやすいかどうか＝41％

遺伝が性格に与える影響

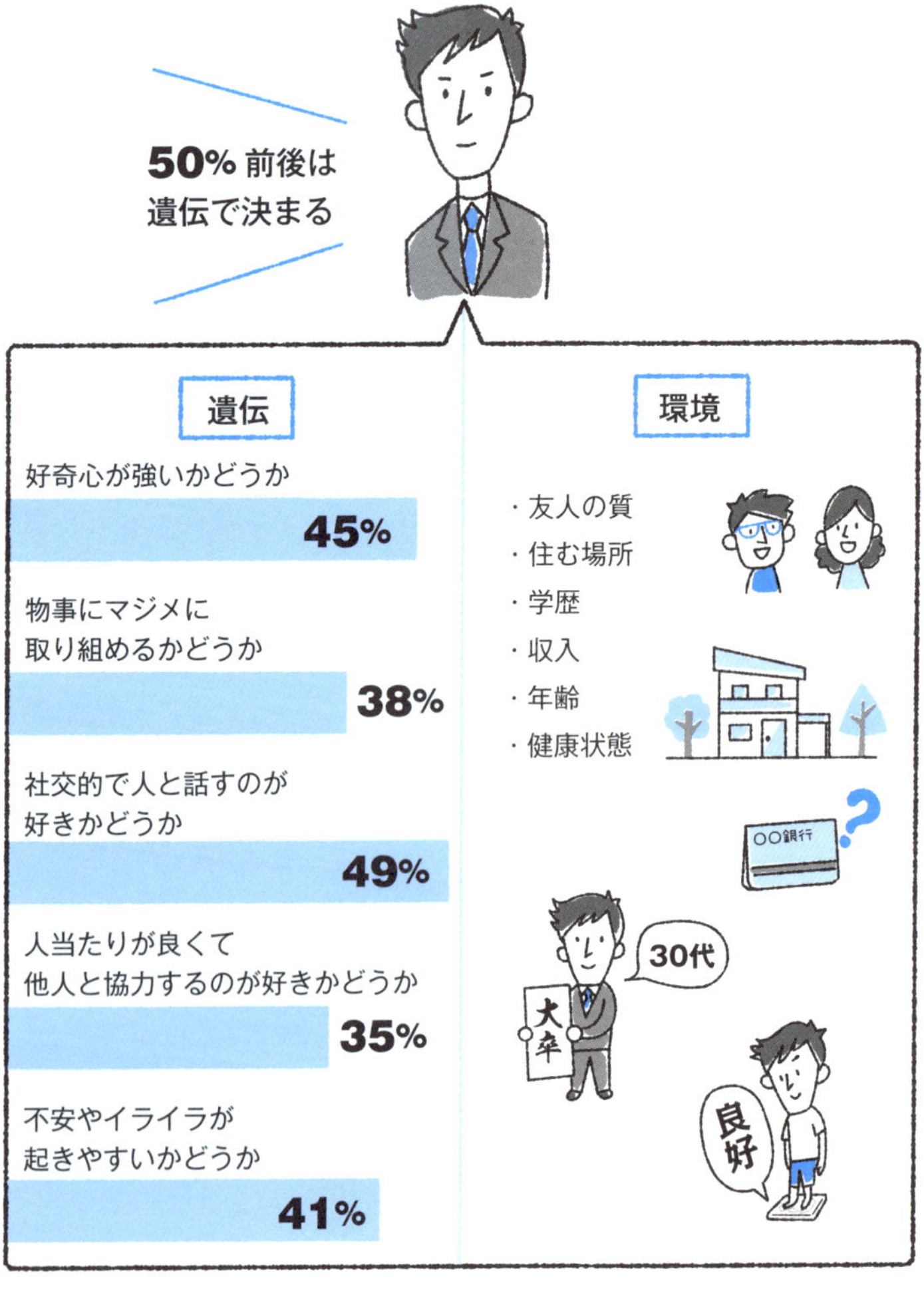

50% 前後は
遺伝で決まる
遺伝
好奇心が強いかどうか
45%
物事にマジメに
取り組めるかどうか
38%
社交的で人と話すのが
好きかどうか
49%
人当たりが良くて
他人と協力するのが好きかどうか
35%
不安やイライラが
起きやすいかどうか
41%
環境
・友人の質
・住む場所
・学歴
・収入
・年齢
・健康状態
○○銀行
30代
大卒
良好

データによって微妙な違いはあっても、他の研究でも似たような数字が出ています。**あなたの性格は50％弱が遺伝で決まり、残りの半分には、友人の質、住む場所、学歴、収入、年齢、健康状態**といった要素が関わるようです。

事実、多くの観察結果では、3歳の時点で確認された性格は、70や80歳になってもほぼ変わらないことが確認されています。それほど性格における遺伝のパワーは強力で、生涯を通し

遺伝とIQの関係

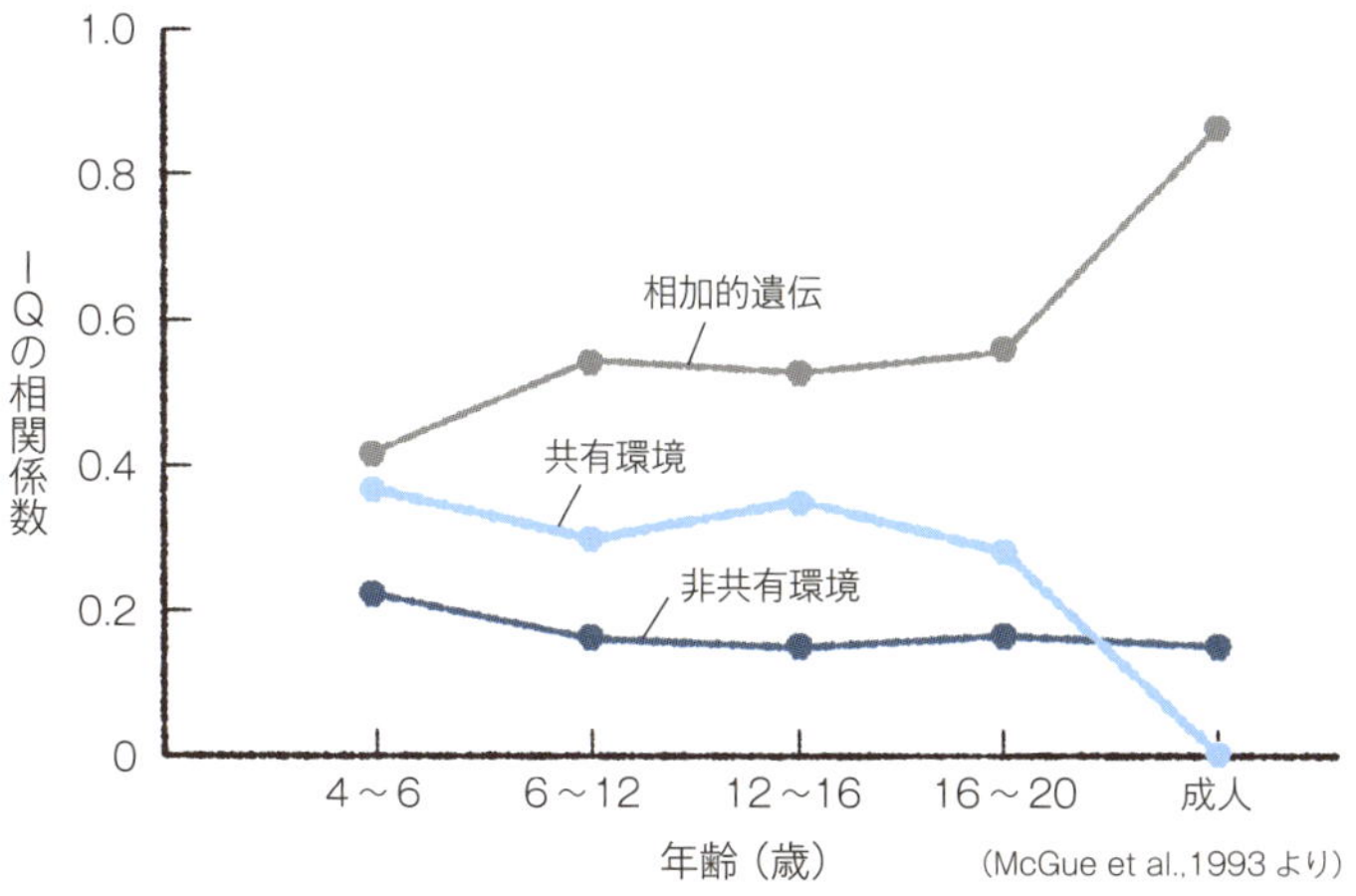

※相加的遺伝…遺伝子が累積して効果が大きくなること
※共有環境…家庭環境や親の影響のこと
※非共有環境…学校などでの友達関係のこと

てあなたに影響を与え続けるのです。

同じような傾向は「知性」にも見てとれます。先ほどと同じように双子を使った調査によれば、遺伝とIQの関係は前のページのグラフのようになりました。

ご覧のとおり、親の育て方や家庭環境が知性に及ぼす影響は4〜6歳ごろでも0・4以下しかなく、さらに成人後は完全に数字がゼロに近づいていきます。

一方で**遺伝の影響は4〜6歳の時点で0・4を超え、成人後には0・9まで上昇する**から驚きです。つまり**私達は、年を取れば取るほど親のIQに近づくことになります。**

本当の限界は誰にも見分けられない

以上のデータに照らせば、「能力の限界を超えたい」と願っても一朝一夕にいかないのがよくわかります。

もしあなたが「自分の限界は、不安になりやすいことだ」と思ったところで、どうあがいても遺伝が決めるリミットを超えて陽気な人間にはなれません。大人になってから身長を伸ばそうとするようなもので、頑張って冷静なフリはできても、基本的に不安がちな性格は変えられないのです。

知性に関しても、事情は同じです。

いくら夜どおし勉強をしたところで、生まれつきのＩＱを超えて頭を良くするのは至難の業。睡眠不足や体調不良のせいで一時的に下がったＩＱを立て直すことならできるものの、遺伝子のくじ引きに勝利した天才には敵いません。

なんとも不公平な話ですが、これは科学が明かした人生の真実。チャールズ・Ｍ・シュルツの名言にもあるとおり、「私達の人生は、配られたカードで勝負するしかない」のです。

このように言うと、「限界とはそのような意味ではない。問題にしているのは、自分の心が決めた限界だ」との反論を受けることがあります。

自己啓発の世界における「限界」とは生まれつきの素質や才能のことではなく、「どうせできないから……」や「自分には合っていないから……」といったネガティブな思い込みのことだ、というわけです。

確かにこの考え方には一理あります。仕事で上司に怒られたせいで会社に行けなくなったケースや、子ども時代のトラウマが原因でうまくコミュニケーションができない場合などは、専門家による適切なケアでネガティブな思考を和らげるのが最善の策でしょう。

しかし、ここで問題なのは、**「生物学的な限界」と「思い込みの限界」をどうやって見分けるのか？**という点です。

例えば、あなたが「自分は人と話すビジネスには向いていない」と考

自分の限界は見分けられない

えていたにも拘らず、「これは思い込みなのだ」と自らに言い聞かせ続けたとします。もしこれが本当に思い込みだったなら、頑張って仕事をこなすうちに他人との会話が楽しくなるかもしれません。

しかし、その一方で、他人との会話に疲れやすい遺伝子を持った人も少なからず存在します。生まれつき内向性や不安傾向が高い性格のせいで、大量のコミュニケーションを一度に処理できないようなタイプです。

そんな人をつかまえて、「あなたは自分で限界を決めているのだ」と言い聞かせるのは地獄への第一歩。いつまでたっても効果が出ないのはもちろん、「限界を作っているのは自分自身なのだ……」といったプレッシャーに潰されてしまう可能性すらあります。インフルエンザにかかったのに「気合いで働け！」と言われるようなものです。

自己啓発セミナーで使われる疑似科学トリックとは？

何らかの問題が起きた時点で「生物学的な限界」と「思い込みの限界」を判別するのは不可能です。いくら自己啓発のカリスマが「それは自分で決めた限界だ！」と叫ぼうが、何の根拠もありません。

実際のところ、自己啓発のカリスマ達も、自分の発言に根拠がないことには気づいているのでしょう。この問題をごまかすために、彼らはよく疑似科学的なパフォーマンスを披露します。

中でも有名なのは、アンソニー・ロビンズのセミナーで使われる「ファイアーウォーク」でしょう。セミナー会場の床に、高温に熱した炭を大量に敷きつめ、その上を参加者に歩かせるという豪快なイベントです。

参加者の多くは決死の覚悟で炭の上に一歩を踏み出しますが、ここで意外な事態が起きます。本来なら皮膚が焼けただれてもおかしくないのに、みんな難なく炭の上を渡っていくのです。

驚いた顔を見せる参加者達に、自己啓発のカリスマは笑顔で語りかけます。

「勇気を持って心の限界を突破すれば、熱した炭ですら克服できるのだ」。

しかし、この現象は奇跡でもなんでもありません。実は木炭というのは、適切に四隅を燃やしてやれば、踏み込んだ瞬間に酸素が断たれる性質を持つからです。

酸素がなければ熱を発しないため、いかに高温に見えようが問題はありません（もっとも、ロビンズのセミナーでは、大量の参加者が火傷する事故も過去に起きていますが）。

なんともバカらしい話ながら、それでも10万人を超える参加者が集まるというのですから、笑えません。

確かに「自分の限界さえ超えれば成功できる」のであれば、すべての問題は一気に片づきます。

「仕事がうまくいかないのは自分の能力の限界のせい」「勉強ができないのは思い込みが原因」「会話が苦手なのは自分に制限をかけているから」……。

「あれも限界、これも限界」と言ってしまえば話は早いですが、すべてを説明できてしまうアイデアは、何も説明できないのと同じです。どこまでいっても「生物学的な限界」を無視した暴論でしかありません。

POINT

限界を超えるのではなく、逆に自己の限界をしっかりと見極めつつ、限界とうまく付き合う道を探すしかない。

勘違い

02 限界があることは問題ではない

人間の限界は外部の要因でコロコロ変わる

人間の限界は遺伝で決まり、これを突破しようとあがくのは時間のムダ。さらに、「生物学的な限界」と「思い込みの限界」を見分ける方法もなく、もし両者を取り違えたら目も当てられません。これが、ポイント1の結論でした。

しかし、「限界を超えればうまくいく」といった考え方の問題点は、それだけではありません。**私達の限界は、遺伝だけでなく外部の環境によってもコロコロと変わる**からです。

例えば、あなたが「今よりも働くと体を壊すだろう……」と考えたとしましょう。いわゆる「体力の限界」です。

このとき、体力の限界を左右しそうな要因は、少し考えただけでも多数浮かび上がります。

・上司が代わったせいで仕事の効率が落ちたから
・忙しくてジャンクフードばかり食べていたから
・実は花粉症のせいでやる気が出なかったから

すなわち私達の限界とは、変動相場制よろしく周囲の状況によっていくらでも変わり得るもの。多数の外部要因から真の原因を特定するのは簡単ではなく、もしかしたら作業を効率化するのが正しいのかもしれませんし、ひょっとしたら自炊を増やして野菜の量を増やすのが正解なのかもしれません。

ここで「体力の限界を突破しよう！」と言ったところで、何も事態は変わりません。もちろんハッキリ原因がわかるケースもあるでしょうが、その場合は淡々と問題に対処すれ

「体力の限界」に立ち向かう方法

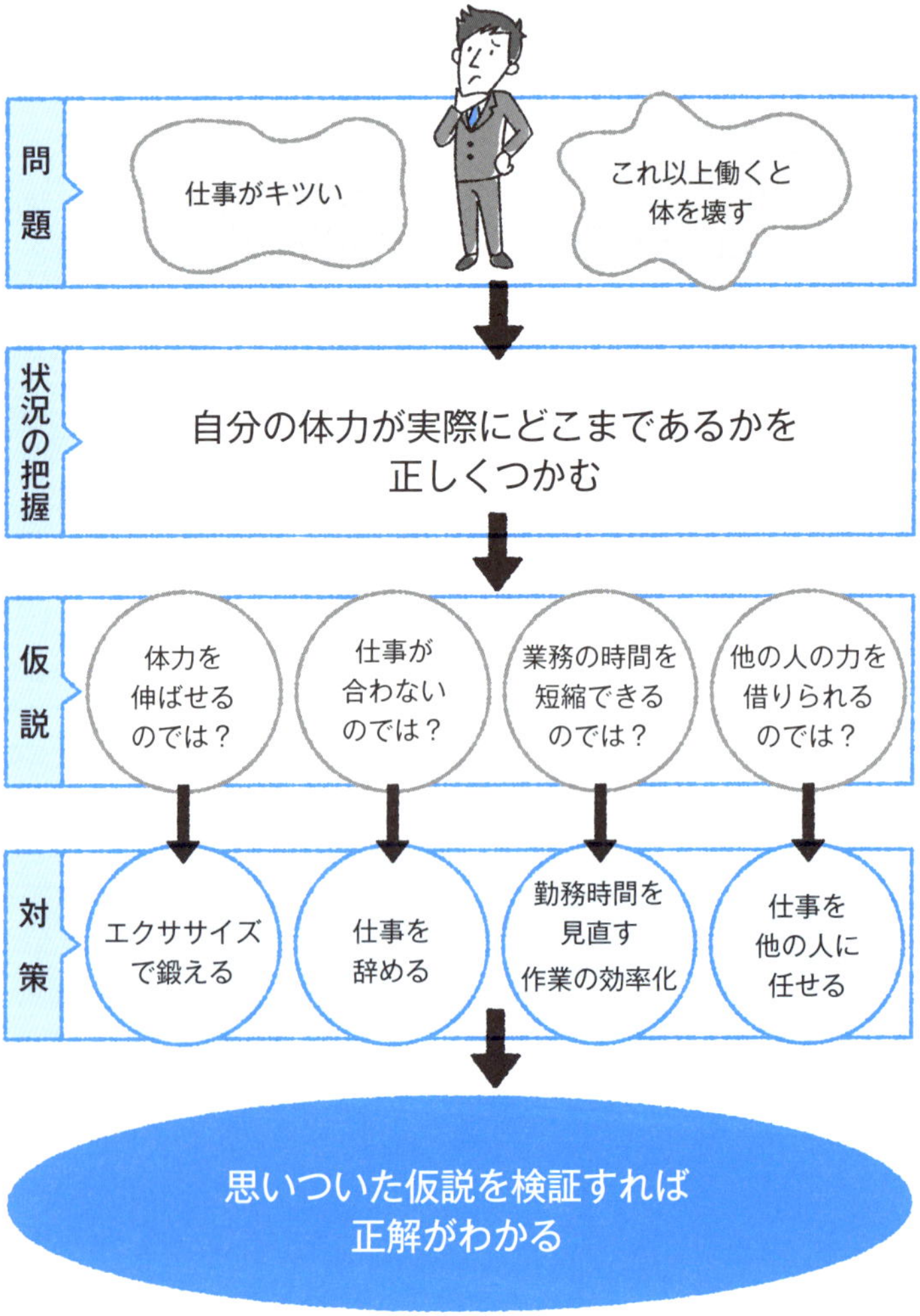

ばいいだけの話です。どちらにしても「限界を超えればうまくいく」などと言い出す意味はないでしょう。

ビジネスの世界でも同じです。既存の「ルール」がコロコロと変わる現代では、そのたびに限界の設定値も変動を続けます。

YouTube の「ライアン・トイズレビュー」(Ryan ToysReview) が良い例です。

このチャンネルのコンセプトはシンプルで、８歳（２０１９年3月時点）の少年ライアン君に新しいオモチャをプレゼントし、彼が取った喜びのリアクションを撮影するというもの。子どものいる家族なら誰にでも作れそうな動画ですが、現時点でチャンネル登録者数は１８７９万人を超え、ライアン君が稼ぎ出す年収は24億円にも達するというから衝撃です。

ライアン君の躍進は、この数年でビジネスの限界がガラリと変わったことを意味します。従来の古い価値観から見れば、８歳の少年が億単位の年収を手にするとは予想もできなかったでしょう。

ここまでの変化ではなくとも、**今の世界ではハイスピードでルールが変わり続け、昨日**

の限界が今日は限界でなくなるケースは珍しくありません。これだけ外部の要因に左右される事態を予測するのはまず、不可能です。

そもそも、多くの人が「限界を超えたい」と願うのは、目の前の問題を解決して前に進みたいからだったはず。それにも拘らず、「限界の突破」そのものが目標になってしまっては本末転倒でしかありません。

この考えによると、もはや自分の限界について悩む意味はなくなります。もともと「生物学的な限界」と「思い込みの限界」の見分けがつかないうえに、限界値すらコロコロ変わるのだから、いつまでこだわっていても仕方ないからです。

すなわち、限界があること自体は問題ではないし、問題にしても意味はありません。これが、自分の限界とうまく付き合うための第2のポイントです。

限界に立ち向かう唯一の正しい方法とは？

それでは、「限界」に対して私達はどう接すればいいのでしょうか？　変幻自在に姿を変えていく「限界」に、私達はただ翻弄されるしかないのでしょうか？

もちろん、まだ手はあります。**真偽の判断ができずルールもコロコロ変わる限界に立ち向かう手段はただひとつ、それは「試す」こと**です。

先に出た「体力の限界」の例で考えてみましょう。

「今よりも働くと体を壊すだろう……」と考えたとき、「これは思い込みだ！　とにかく限界を超えるぞ！」と自分を励ましても何も生まれません。ここで本当に大事なのは、**自分の体力が実際にどこまであるのかを正しくつかみ、それに沿った最適な対策を探すこと**です。

その結論は様々で、エクササイズで体を鍛えるのが正解かもしれませんし、仕事を辞めてしまうのが良いのかもしれません。どの答えが最適なのかはわかりませんが、**とにかく思いついた仮説を検証しない限りは何も始まらない**でしょう。

かく言う私も、今では限界について思い悩むのを止め、ただひたすら仮説の検証に時間を使っています。

私が「ニコニコ生放送」（以下、ニコ生）という動画サイトを使い、日々新しい心理学の知識をお伝えし始めたのは4年前のこと。今でこそ10万人を超える会員数を獲得しましたが、そこまでの道のりは細かい検証のくり返しでした。

例えば、代表的なのはiPhoneだけを使った動画配信です。かつては会員を集めるには高性能のカメラが必要だと言われていましたが、「自分の放送に画質を求める人はいないのではないか……」と思った私は、試しに三脚で固定したiPhoneだけで放送をスタート。**手軽に放送できるようになったおかげで配信の回数が増え、ユーザーが減るどころかチャンネル登録者が激増した**のです。

また、YouTubeの導入時にも同じようなことがありました。

現在、私は**YouTubeで無料の放送を行い、興味を持ってもらったユーザーがニコ生に登録できるように誘導しています。この動線は実にスムーズで、チャンネル登録者が10万人を超える起爆剤になりました。**

が、この手法を始める前は、YouTubeから視聴者をニコ生に誘導しても意味がないという考え方が常識でした。YouTubeにお金を払ってまで知識を得ようとする人はおらず、月額課金スタイルのニコ生とはなじまないと考えられていたのです。

「会員数の限界」に立ち向かう方法

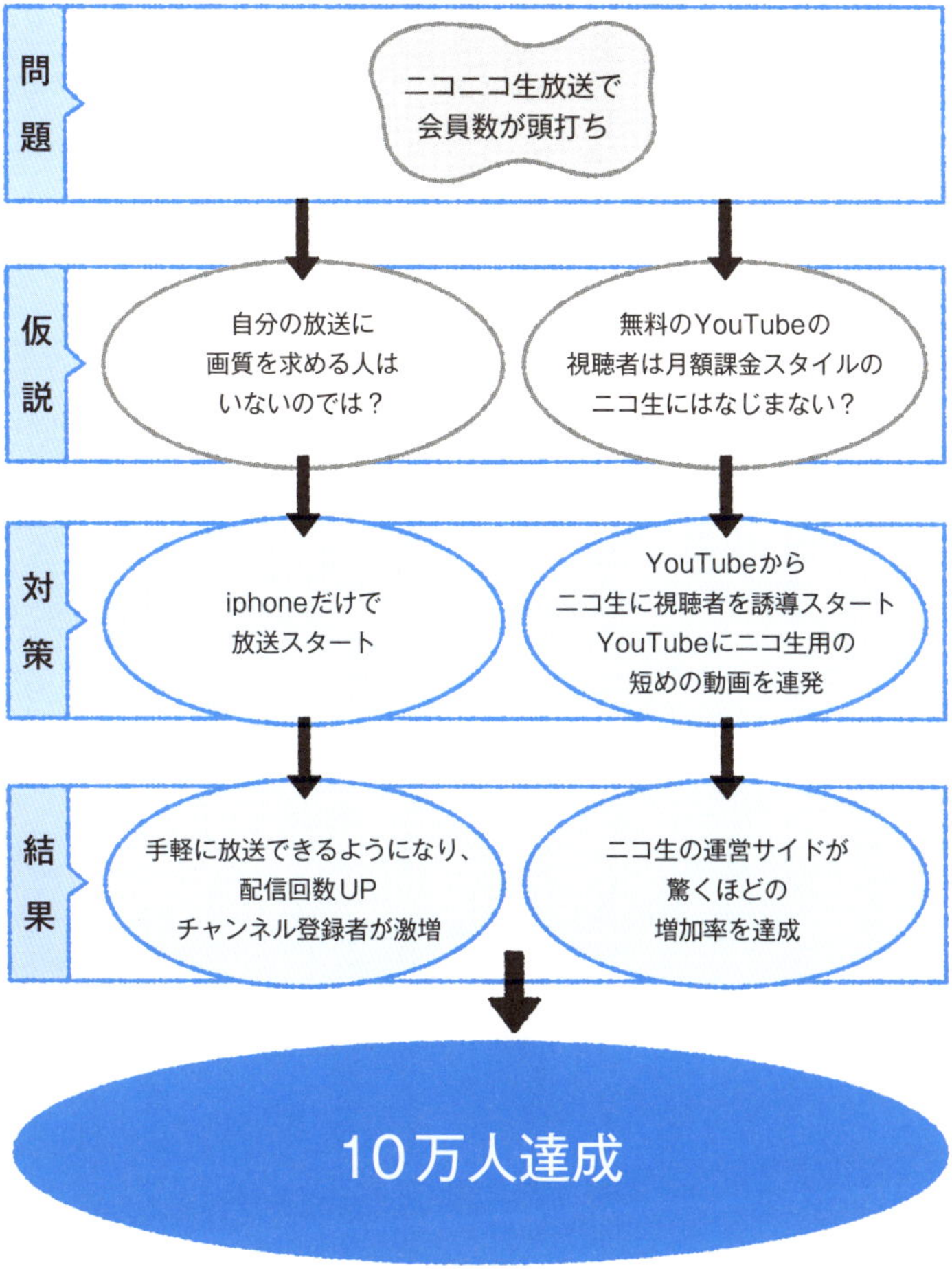

しかし、この考え方に納得するだけでは本当の限界値はつかめません。ものは試しと、やはりiPhoneだけでYouTubeやニコ生に短めの動画を連発したところ、その日のうちから会員数が倍々ゲームで上昇。ニコ生の運営サイドも驚くほどの増加率を達成することになりました。

当然ながら、これらの手法が絶対に成功したとは限りません。もしかしたら常識のほうが正しく、検証がただの徒労に終わっていた可能性も十分にあるでしょう。事実、このようなエピソードの裏には、うまくいかなかったチャレンジが大量に存在します。

だからといって、**限界をうのみにして何の検証もしなかったら、今の私はありません。環境の変化に追いついて「正しい限界」を見極めるには、試すしか方法がないからです。**

念のため、本書における「限界突破」と「試す」の定義をまとめておきましょう。

・限界突破＝本当の限界とニセの限界を見極めないで闇雲に行動すること
・試す＝本当の限界とニセの限界を見極めて効率良く前に進むこと

どちらが真に成功に続く道なのかは、言うまでもありません。

科学の世界には、大昔からこんな格言があります。

「何も信じず、そして何も疑わず、ただ試して確かめろ」。

根拠がない限界を簡単に信じ込まず、かといって無闇に疑うこともなく、ただひたすら検証をくり返すのが正解に続く唯一の道です。これは、私の座右の銘でもあります。

もし検証が失敗に終わっても、たんにやめればいいだけです。自己啓発の甘い言葉にはまどわされず、ただただ試し続けてください。

POINT

私達の限界は周囲の状況によっていくらでも変わるもの。「正しい限界」を見極めるには、対策を試すしか方法はない。

勘違い

03 限界がないのは人の愚かさだけ

あなたが問題を先送りする理由とは？

ただ試して確かめ、失敗したら別の検証を続ければいい。

実にシンプルな結論ですが、この真理を日常的に実践できている人は多くはいません。

もっとも多いのは、「わかっていてもできない」というパターンでしょう。

失敗するのが怖い、新しいことをする余裕がない、今の状況を変えたくない、これまでの努力を無駄にしたくない……。

新たな行動を起こせない理由は様々ですが、いずれのケースにおいても、頭ではわかっているのになぜか一歩を踏み出せない点で共通しています。

「このまま会社にいても出世の見込みはない」と思っているのに、なんとなく何もせずに時間が過ぎてしまう。「食事を変えないと体を壊しそうだ」とわかっているのに、やはりいつもどおりのジャンクフードを食べてしまう。

このような**負のループを抜け出さない限り、検証のスタート地点に立つことすらできません**。なんとも深刻な状態です。


そして、これよりもさらにタチが悪いのが、「そんなことはわかっている」とだけ考えて、一向に検証を始めないパターンでしょう。**「検証が大事なんて当たり前だろう」と口では言うものの、実際には今までと同じことをくり返し、いつまで経っても何も始めないようなタイプ**です。

この罠にハマる人の数は意外なほど多いのです。ある研究では、被験者に「仕事やプライベートの問題を理解して対策していますか?」と質問したところ、およそ95%が「イエス」と答えました。ところが、その後で研究チームが被験者の親族や会社の同僚にインタビューを取ってみると、イエスと答えた人達の問題の理解度は10〜15%の間に収まったの

「問題を先送りする」理由

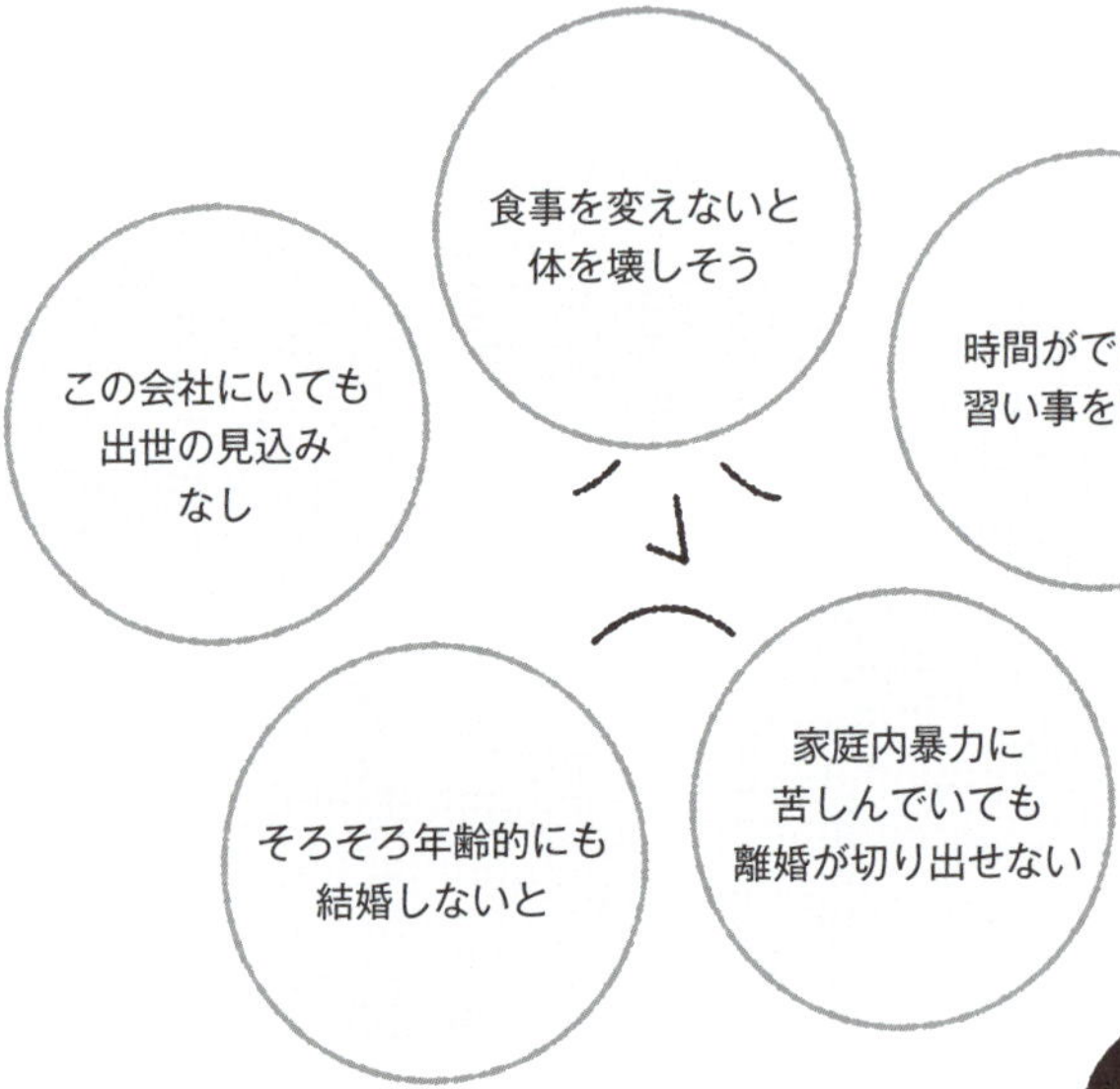

いつまで経っても進展しない
なぜ踏み出せないのか？

理由

「アセスメント能力に欠陥があり
自分の能力や問題を正確に把握できない」

バイアスの罠にハマってしまっているから

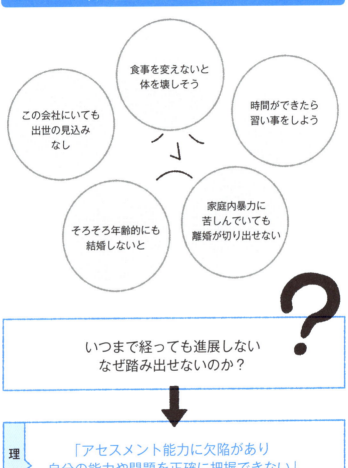

です。

この罠にハマった人達の多くは、ひたすら問題を先送りします。

「ボーナスが入ったらジムに入会しよう」や「もう少し情報を集めたら会社を辞めよう」など、実際には何の検証もしていないにも拘らず、当人は何かをなしとげたかのような気分にひたり続けるのです。

研究チームは、結果として**「95%の人は「自分のことを理解している」と考えていますが、実際の理解度は10～15%の間に過ぎない」「私達のアセスメント能力には欠陥があり、自分の能力や問題を正確に把握できない」**と言います。自覚症状がないぶんだけ、「わかっていてもできない」パターンよりも深刻だと言えるでしょう。

あなたの間違いにはパターンがある

「わかっていてもできない」と「そんなことはわかっている」。

これら2つのパターンはまったく異なる状態のようですが、実は根っこでつながっています。いったいなんだと思われるでしょうか？

それは、両者とも「バイアス」にとらわれているという点です。**人の心の奥底に巣食う「バイアス」が、あなたの行動を制限し、判断を狂わせ、自覚できない自信過剰の罠に追い込む**のです。

「バイアス」とは行動経済学者のカーネマン博士とトベルスキー博士が広めた概念です。「人間はどのように意思決定をするのか？」という問題に取り組んでいた彼らは、研究の途中で重大な発見をしました。私達が犯す間違いには、一定のパターンがあることに気づいたのです。

一例として、「現状維持バイアス」という心理パターンについて考えてみましょう。これは、どう考えても変化を起こしたほうが合理的なのに、未知のものや新しいものを受け入れられず、今のままでいたいと思う傾向を指します。

・残業が月に100時間を超えるうえに残業代も出ないのに、「とりあえずもう少し頑張ろう」と考える
・業界全体が年に2％もの割合で縮小しているのに、従来のやり方にしがみつく

・入会した英会話スクールの教え方に納得がいかないが、ダラダラと月謝を払い続ける
・今のパートナーが浮気をしているのに気づいたが、関係性が壊れるのが怖くて言い出せない

どの事例でも、**現状を変えたほうがいいのは明らかなのに、なぜか行動を起こすことができていません。**もっと小さな例で言えば、会社の定例会議でいつもと違う座席に着いただけで、なんとなく落ち着かない気分になる人も少なくないでしょう。かくも人間は変化を嫌う生き物なのです。

この心理は、人間がまだ狩猟採集をしていた時代に形作られました。

当時の厳しい環境においては、新たなチャレンジには常に命の危険がともないます。下手に狩場を移したら獲物が見つからずに飢え死にするかもしれず、見知らぬ土地を開拓すれば予期せぬ自然災害に襲われるかもしれません。

それならば、とりあえず現状のままで暮らし続け、生活が立ちいかなくなった時点で重い腰を上げるのが最適解でしょう。そんなメンタリティで生き抜くうちに、**人類の脳には**

ブラック企業を辞められない人の心理パターン

とりあえず現状のままで暮らして
生活が立ちゆかなくなった時点で考えよう

どう考えても変化を起こしたほうが合理的なのに
今のままでいたいと思う傾向＝「現状維持バイアス」

「変化は恐ろしいものだ」と考えるプログラムが書き込まれたのです。

ところが、今では生き抜くためのルールが大きく変わりました。

言わずもがな、現代社会では新たなチャレンジに失敗しても命までは落としませんし、子孫を残せなくなることもありません。ポイント2でも見たとおり、思いついた仮説をハイスピードで検証し、小さな変化を何度も起こせるような人のほうが、現代においては適応力が高いのです。

バイアスは大きく2種類に分けられる

人間の脳に書き込まれた原始時代のプログラムは、「現状維持バイアス」の他にも60〜80種類が見つかっており、今も私達の判断を無意識のうちにコントロールしています。その詳細は第3章からお伝えするとして、手始めに「バイアスはどのような問題を引き起こすのか？」というポイントを押さえておきましょう。

バイアスそのものには多くの種類が存在しますが、私達におよぼす悪影響という点でまとめれば、大きく2つの問題点に集約されます。

1　本当は「限界でないこと」を、限界のように思わせる
2　本当は「限界であること」を、限界ではないかのように思わせる

ひとつめは、**目の前の問題を実際よりも重大なように見せかけ、新たなチャレンジにふみ出す気持ちを押さえつけてしまうパターン**。先に紹介した「現状維持バイアス」のように、あなたの心に変化への恐怖を植えつけ、いつの間にか行動を縛りつけるものが代表的な例です。

このタイプのバイアスには、他にも「好感度ギャップ」や「互恵不安バイアス」といったものがあり、いずれも私達に「ニセの限界」をすり込む方向に働きます。これらのバイアスにハマれば、あなたはチャレンジ精神を失ってしまうでしょう。

そして、もうひとつ恐ろしいのは、**「本当の限界」をあたかも突破できそうに見せてしまうパターン**です。

典型的なのは、**「隠れナルシストバイアス」**でしょう。これは「自分には平均より上の

能力がある」と無意識に考えてしまう心理を指し、大半の人が隠し持っている定番のバイアスです。

「私には当てはまらない」と思われるかもしれませんが、例えばネットで活躍するユーチューバーなどを見て「これなら自分のほうができそうだな」などと考えたことはないでしょうか？

もちろん、本当にあなたのほうがユーチューバーより優秀な可能性はありますが、逆にまったく足元にもおよばない可能性もあります。しかし、どちらにせよ検証もせずに物を言っている点では同じ。「隠れナルシストバイアス」による脊髄反射的な反応でしかありません。

他にも、芸人を見て「俺のほうがおもしろい」と考えたり、「なんであんなブログのアクセスが多いんだ」と思ったりと、隠れナルシストの罠はあらゆる場面で顔を出します。

このような考え方が普通になれば、あなたはいつまでも「本当の限界」に気づけず、いたずらに時間を浪費することになるでしょう。

自分でもできると安易に考える人の心理パターン

「自分にもできそう」だと考えて実行に移さず
いたずらに時間を浪費してしまう

「自分には平均より上の能力がある」と
無意識に考えてしまう心理＝「隠れナルシストバイアス」

あなたはバイアスの存在に気づくことすらできない

かくも恐ろしきバイアスの罠。その具体的な対策については第2章から説明していきますが、本章の最後にぜひ押さえておいて欲しいポイントがあります。

それは、**いったん特定のバイアスが脳の中で起動したら、あなたの脳内ではすべての情報処理が無意識のうちに行われてしまう**、という点です。

何らかの問題が起きると、その直後に頭の中では特定のバイアスが活性化し始め、「そんなことはわかっている」や「もう少し様子を見よう」などの誤った答えを瞬時に吐き出します。

このとき、**あなたはバイアスの存在に気づくことすらできず、より良い選択肢があることも判断できません**。原始時代の環境に最適化されたプログラムが、現代人の頭から合理的な思考を奪うからです。

かつてアインシュタインは「限りがないものは、宇宙と人間の愚かさの2つだけだ」との名言を残しましたが、ことバイアスについては的を射ています。何も対策を取らないままバイアスに飲み込まれれば、もはや私達にはなすすべがないからです。

なんとも難しい問題ですが、良いニュースもあります。近年ではバイアスに関する研究が進み、思考のゆがみを乗り越える科学的な方法が編み出されてきました。これらの方法を学べば、確実にバイアスの悪影響を和らげ、「ただ試して確かめる」を実践できるマインドが身につきます。

これこそが、私が本書でお伝えしたい**「科学的に正しい限界の突破法」**なのです。

POINT

人間の脳は変化を嫌い、ひたすら問題を先送りする傾向がある。現代では仮説をハイスピードで検証し変化できる人が適応力が高い。

CHAPTER

2

バイアスから逃れて自由になるための４つの扉

いったんおさらいをしましょう。

第一に、世間には「限界を超えればうまくいく！」などと教える自己啓発書は多いものの、このアドバイスには意味がありません。どんな人でも環境の制約はありますし、私達の能力は大半が遺伝子で決められているからです。

このような絶対的な限界には、どれだけ抵抗しても時間のムダ。変えられないものを変えようと打ち込むことほど虚しいことはないでしょう。

それでも自分の限界を超えたいと願う人が多いのは、「バイアス」の存在が原因でした。人間に生まれつき備わった「考え方のクセ」が、絶対的限界に挑ませ、ありもしない限界の幻を見せ、あなたの行動を誤った方向へ導くのです。

つまり心理学的に言えば、**限界を超えようと頑張る必要などまったくありません**。本当に必要なのは、内なる**「バイアス」の影響から逃れ、常に最適な選択ができるような合理性を養うこと**。そして**「ただ試して確かめる」をひたすら実践していくこと**でした。

幸いにも、ここ数年の研究により、私達のバイアスを解除する方法がいくつも明らかになってきました。いくつかのコツさえ押さえておけば、確実に今よりも判断力を上げ、新たなチャレンジに踏み出すマインドを養うことができるのです。

そこで本章では、過去数十年におよぶバイアス研究の成果をまとめ、**「バイアスの罠」から逃れて自由になるためのテクニック**を紹介していきます。具体的には、バイアスの解除法は大きく4つで成り立っています。

ポイント1 ― 合理脳を起動する

ポイント2 ― 時間感覚を変える

ポイント3 ― 計画性で直観に勝つ

ポイント4 ― メンタルを最適化する

バイアス解除の道は決して楽なものではありませんが、基本的な技法を知るのと知らないのでは大違い。さっそく見ていきましょう。

自由への扉

01 合理脳を起動する

バイアスの種類を学ぶだけでもバイアスに強くなれる

ひとつめのバイアス解除法は、「合理脳を起動する」です。

くり返しになりますが、バイアスは知らぬ間に脳内で起動し、私達を不合理な判断へと追いやります。これに対処するには、**脳の合理的なシステムを前もって動かしておくしかありません。**バイアスに飲み込まれてからでは遅いため、事前に予防接種を打っておくわけです。

そこでもっとも手軽なのは、「人間の脳にはどのようなバイアスがあるのか？」を学ぶことです。第1章で取り上げた「現状維持バイアス」や「隠れナルシストバイアス」のように、**人間が持つ特定の思考パターンを学ぶだけでも、あなたはより正しい判断を下せるようになります。**

例えば、あなたが「とりあえず今の働き方を続けてみよう」と決断したときに、もし「現状維持バイアス」の知識がなければ話はそこで終わりです。自分の判断に疑いを持つことはなく、そのまま今までどおりの生活が続きます。

しかし、ここで「現状維持バイアス」の存在を知っていたらどうでしょう。「あれ？もしかしてこの考えってバイアスかも？」といった疑念が浮かび、判断が本当に正しかったのかを確かめる姿勢が生まれるはずです。検証の結果がどうなるかはわからないものの、より正解に近づくのは間違いありません。

この事実は複数の観察研究でも確認されており、経済学部の学生を対象にした調査などによれば、**特定のバイアスについて学んだ者は、その直後から思考の偏りにまどわされにくくなり、正しい判断を行う確率が上がった**そうです。

なんだか当たり前のようですが、バイアスの存在を知るだけでいいのだから、実践しない手はありません。第3章から典型的なパターンを解説していくので、ぜひバイアスの理解に役立ててください。

ただし、ここで大きな注意点がひとつあります。バイアスは数十万年をかけて人間の脳に書き込まれた強固なプログラムであり、そのコードを完全に取り除くのは不可能です。ひとつの問題でうまくバイアスをかわせたとしても、次の問題では見事に罠にハマってしまう可能性は十分にあります。

事実、先述した経済学部の学生の調査では、**バイアスの学習によって判断力が高まった期間は平均でおよそ2~3週間だけ**でした。つまり、人類はかくもバイアスに弱い生き物であり、私達は生涯に渡って学習をし続けねばならないのです。

本書を何度も読み返すもよし、バイアスについて書かれた行動経済学の類書をあたるもよし。**定期的に人間の不合理性を学ぶように意識してください。**

合理脳テクニック 1

ワン・アット・ア・タイム戦略

バイアス解除の基本中の基本を押さえたところで各論に入ります。

合理脳を起動するためには、「ワン・アット・ア・タイム戦略」を使うのが良い手でしょう。**複数の選択肢から何を選ぶべきか迷った場合に、すべてのオプションを一度に比べるのではなく、ひとつずつ情報を吟味しながら候補を絞り込んでいくテクニックのこと**です。

就職先選びで迷ったときなどは、A社・B社・C社の情報をまとめてリストアップするのはNG。まずは「A社に入ると福利厚生が良くて、月の残業時間はそんなに多くないな……」と一社の情報を徹底的に調べ上げます。

それが終わったら、続いて「B社は仕事量は多いけどやりがいはありそうだ……」「C社は基本給が高いな……」といったように、ひとつずつ（ワン・アット・ア・タイム）メリットとデメリットを確かめてください。この作業を行うことで、一度にすべてを比べるよりも、平均で20〜30％ほど判断力が上がることがわかっています。

この戦略が効く理由は、人間が周辺情報に弱い生き物だからです。

かつてマサチューセッツ工科大学が行った実験では、被験者に自分の社会保障番号の下

ワン・アット・ア・タイム戦略で絞り込む

〈「就職先選び」で迷った場合〉

1つずつ吟味しながら調べる

ステップ1
A社のメリット・デメリット
ステップ2
B社のメリット・デメリット
ステップ3
C社のメリット・デメリット

一度に1つの選択肢に集中することで、余分なデータの干渉を最小限に減らせる

同時にA～C社を比べる

A社	メリット	
	デメリット	
B社	メリット	
	デメリット	
C社	メリット	
	デメリット	

余分なデータの干渉でどれが最適解かわからなくなる

２ケタを書き出すように指示。それから、高級チョコレートの写真を見せつつ「いくらなら買いますか？」と尋ねたところ、社会保障番号の数字が大きかった人ほど大金を払う傾向がありました。

当然、社会保障番号とチョコレートの価格には何の関係もありません。それなのに、本人も気づかないうちに金銭感覚が狂ってしまったわけです。

同じような傾向は、**金銭だけでなく他人への評価でも確認されています**。

アメリカで行われたある研究では、お見合いパーティに参加する数百人の男女を２つのグループに分けました。

1　パーティの前に、美男か美女の写真を見て参加する

2　何も見ずに普通にパーティに参加する

その後、全員に「参加者の見た目を採点してください」と尋ねたところ、大きな違いが現れました。パーティの前に美男美女の写真を見たグループは、およそ30％も点数が低かったのです。この実験でも、**自分が写真のイメージに引きずられたことに気づいた被験**

者はいませんでした。

このような問題を防ぐには、無関係なデータをできるだけ取りのぞいて、その悪影響を和らげるしかありません。「ワン・アット・ア・タイム戦略」が効くのは、**1度にひとつの選択肢だけに意識を向けることで、余分なデータの干渉を最小限にまで減らすことができる**からです。

キャリア選択から恋愛のパートナー選びまで、複数の候補から最適解を絞り込まねばならないような状況で使ってください。

合理脳テクニック 2

困ったときは真ん中を取る

「有望な投資先がある」「次はサブスクリプションの時代らしい」「今働いている業界は危ないようだ」……。

世の中には、重要性が判断しづらい情報がいつもあふれています。何の検証もなしに飛びついては大ケガをしかねません。

そんなときに使えるのが**「弁証法的ブートストラップ」**というテクニック。名前だけ聞くと難しそうですが、ざっくり言えば**「困ったときは真ん中を取りましょう」といった考え方**になります。

具体的なステップは次のとおりです。

ステップ1 直観思考……何か重要性を判断したい情報があったら、まずは**「直観でどれぐらい重要だろうか？」**と自問してみる

ステップ2 反対思考……続いて**「その情報が完全に間違っていたら？」**と想像しながら、再び重要度を判断してみる

ステップ3 中庸思考……ステップ１と２で出した２つの重要度を比べて、**真ん中あたりの判断を採用**する

例えば「今働いている業界は危ないらしい」という情報なら、次のように判断していきます。

ステップ1 **直観思考**……直観で考えてみると、やっぱりウチの業界は未来がなさそうだよなぁ。なんだかみんな元気がなさそうだし、いまいち暗いもんなぁ。そう考えると、早いうちに逃げたほうがいいか……。

ステップ2 **反対思考**……もしウチの業界が年に5％の割合で成長してて、儲かって仕方ないとしたら？　そんな状況だったら、やっぱりこの業界に残るよなぁ。なんだかんだでこの仕事は好きだし。

ステップ3 **中庸思考**……まぁ業界の先行きが良くないのは間違いないけど、今の仕事に興味があるのも間違いないから、とりあえず転職の情報も集めつつ、目の前の作業を効率化する方向で考えるか。

デューク大学などの研究によれば、この3ステップを踏むだけで、あなたの合理脳は確実に働き始めます。たんに直観に頼るのでもなく、かといって極端すぎもしない、ほど良い落としどころを見つけやすくなるのです。

「弁証法的ブートストラップ」の効果が高いのは、もともと人間には、物事を極端にとらえがちなバイアスがあるからです。

少し仕事でミスをしただけで「みんなからダメなやつだと思われただろう」と考えてしまったり、逆に上司にちょっとほめられただけで「昇進に近づいたかも？」と舞い上がったり。悲観と楽観のどちらに振れるかは状況次第ですが、データにもとづかない直観的な判断をした点では両者とも同じです。

しかし、ここでいったん対極の思考をはさむと、一気に事態は好転します。両極端なイメージを浮かべたおかげで思考が中和され、ちょうど真ん中の考え方を選びやすくなったからです。

目の前の情報が本当に大事なのか迷ったときは、ぜひ使ってみてください。

合理脳テクニック 3

問題分割

ついつい問題を極端に考えてしまうバイアスから逃れるには、「問題分割」というテクニックもよく使われます。問題を小さなブロックに分割して、それぞれに対処法を考えて

いく技法です。

一例として、資格試験の本番を目前にひかえた状況を考えてみましょう。

このとき一番良くないのは、「試験の本番が近いがどうすればいいだろう？」のような問いを立ててしまうことです。問題のサイズが大きすぎてどう考えていいかわかりづらいため、**たいていの人は「自信過剰」か「自信不足」のどちらかのバイアスにハマりやすくなります**。

「まぁ今まで勉強してきたからなんとかなるか」と思うか、それとも「いつの間にか本番直前だ……なんにもできる気がしない……」と思うかは個人の性格によるものの、どちらのパターンでも目の前の問題を冷静にあつかう姿勢は消え、いつまで経っても合理脳は働き始めません。

そこで、いったん問題を小さなブロックに分けてみましょう。「試験の本番までにすべきこと」について考える場合は、次のステップで細分化していきます。

ステップ1 細分化レベル1……まずは目の前の問題について「どのようなプロセスで構成されているか？」と考えながら、ざっくり分割してみます。「現在の学力をあらためて確認する」「試験に出そうな問題を予想する」「先輩にアドバイスを求める」「本番の持ち物を確認する」などなど、パッと思いつくものを並べてみましょう。その数に決まりはありませんが、最低でも5個以上のプロセスに分割してください。

ステップ2 優先順位の特定……ステップ1で小分けにしたプロセスから、「これは自分にとってもっとも重要だ」と思えるものをひとつだけ選びます。この段階では、直観で重要そうなタスクを選べばＯＫです。

ステップ3 細分化レベル2……先ほど選んだ最重要タスクを、さらに分割していきます。「現在の学力をあらためて確認する」というタスクを選んだなら「過去問を手に入れる」「過去問を解く」「成績を出す」「足りない知識を把握する」「足りない知識を補う」など、こちらも思いつくだけリストアップしていきます。

これで「問題分割」は終了です。研究者によっては、ステップ3からさらにプロセスを分けていくように勧めるケースもありますが、問題の細分化は2回ぐらいで止めておくのが実用的でしょう。

ステップ3で細分化したプロセスは、あなたが思いついたとおりに実践しても構いませんし、後で「やはり他に大事なことがあるから止めよう」と考えたとしても問題はありません。このテクニックでもっとも重要なのは、**問題を小さなステップに分けたおかげで、自然と判断の回数が増えたところ**だからです。

たんに「試験の本番が近いなぁ……」と考えるだけでは、判断の回数は1回だけにとどまり、どうしても狭い視野でしか問題をとらえられません。

ところが問題を小分けにすれば、「学力を確認するにはどうすればいいだろう？」「試験問題を的確に予想する方法はないだろうか？」「良いアドバイスをしてくれそうな先輩は誰だろう？」といったように、**ひとつの問題について複数の視点が生まれます。その結果として合理脳が働き始め、「自信過剰」または「自信不足」の罠から逃れやすくなるわけ**です。

合理脳テクニック 4

同じ問題を２度考える

「問題分割」を使うほど大きなトラブルではないが、バイアスにとらわれない判断ができたか自信がない……。

そんなときは**「ダブル・エスティメーション」**を使うのがおすすめ。ここまで取り上げてきた中では一番シンプルな手法で、

・自分だけで2回見積もりをする（ダブル・エスティメーション）

これで終了です。「問題分割」ではプロセスを小分けにして判断の回数を増やすのがポイントでしたが、同じように、**ひとつの論点について2回考えてみるだけでも、私達の合理脳は動き出します。**

その有効性は過去の研究でも何度か確認されており、ある実験では、２パターンの思考法の有効性が検証されました。

1　他人の意見を参考にしながら考える
2　自分1人で同じ問題について2度考える

結果はもちろん「ダブル・エスティメーション」の勝利で、他人の意見を参考にしたグループよりも、10点満点でおよそ0・5ポイントほど判断の正確性が高い傾向が認められました。0・5というと小さな変化のようですが、これだけ簡単なテクニックとしてはかなりの好成績です。

この手法が特に有効なのは、予算の決定や作業時間の割り当てのような、数字に関する判断をしたい場面です。「企画書の作成は1時間ぐらいかかるな……」「この商品の原価率は20%だな……」と考えたら、いったん1～2日ほど判断を保留しておき、再び自分だけでもう1度見積もりをしてください。

同じ問題を2度考えると、私達の脳は、自動的に記憶の中から違った証拠やサンプルを引き出す働きがあります。「あれ？　そういえば先月の企画書は3時間ぐらいかかったな」や「似たような商品の原価率はもっと高かったよな……」などの新たな情報が思い浮かび、より現実的な判断を可能にしてくれるのです。

数字の判断が必要な状況でなくとも、「とりあえず見積もりは2回する」と覚えておくと良いでしょう。

POINT

人間が持つ特定の思考パターン（バイアス）を学ぶだけで、合理脳が鍛えられ、より正しい判断を下せるようになる。

自由への扉

02 時間感覚を変える

時間変換テクニック1

絶望的な未来を想像

バイアスから逃れるための第2のテクニックは「時間感覚を変える」です。**自分の未来のイメージを操り、偏った思考から抜け出す**のがポイントになります。

と言ってもわかりにくいので、具体的な方法をいくつか紹介しましょう。ひとつめは**「ダーク・タイムトラベル」**という手法です。

これは、その名のとおり**「目の前の問題に、絶望的な未来が待ち受けていたら?」と想像してみるイメージ技法**のこと。例えば、「今マイホームを買うべきだろうか?」といった問題に悩んでいるなら、次のように想像してみます。

1　今から20年後の世界をイメージ。自分がどれだけ老けたか？　仕事ではどれぐらいの地位にいるか？　結婚はしているか？　など、できるだけ細かく思い描いたほうが効果は高くなります。

2　続いて、絶望的な未来をイメージします。自宅の資産価値がゼロになって悲しむ自分。トイレや壁紙などがボロボロになったマイホームの姿。とにかく最悪の事態が起きたところを想像してください。

この他にも、「転職すべきかわからない」という問題なら「新しい仕事で年収が下がりモチベーションが上がらない自分」を思い描けばいいですし、「今の恋人と結婚していいかわからない」なら「5年後の恋人が浮気と借金をくり返す場面」をイメージすればOK。ちょっとツラい気分にはなりますが、バイアスから逃れて正しい判断に行き着く可能性は確実に高くなります。

ダーク・タイムトラベルで正しく判断する

マイホームを買うべきか？

視野が広がり、客観的にとらえられるようになる

「合理脳を起動する」の項でもご説明したとおり、多くの人は未来の失敗に対する想像力が足りないか、たんに「自信過剰」または「自信不足」のせいで判断を間違うケースが多いものです。しかし、ここで**わざと最悪な未来を思い描くことで視野が広がり、物事を客観的にとらえられるようになる**のです。

このように、「時間感覚の変更」はバイアスの克服に大きな効果を持ちます。さらに別の手法もいくつか見ていきましょう。

時間変換テクニック 2

時間を区切り未来を想像

「タイム・アンパッキング」は、時間を細かく区切りながら、未来をイメージする手法のことです。

例えば、「2年後に転職するかどうかの決断をしなければならない」という状況があったとします。ここで普通に「転職すべきだろうか？」と考えるのではなく、

・半年後の自分はどう考えるだろうか？

・1年後の自分はどう考えるだろうか？

というように**細かく未来像をイメージし、それぞれの時間軸で自分がどのように判断するかを考えていく**わけです。多くの研究でバイアス解除の効果が示された手法で、遠い将来の問題を把握するのに役立ちます。

このテクニックが効くのは、先に見た「問題分割」と同じように、判断の回数を増やしてくれるからです。

たんに「2年後に転職すべきだろうか？」と考えただけでは1回の判断しか行えませんし、未来が遠すぎるせいで心のどこかに「そうはいってもまだ先の話だからな……」との気持ちが生まれ、真剣に考えるだけのモチベーションが生まれません。そこで、**頭の中で期限までの時間を細かく区切り、脳から切迫感を引き出す**わけです。

もし面倒でなければ、さらに時間を区切っても構いません。「1週間後の自分はどう考えるだろうか？」「3日後は？」「明日は？」などと細かく刻んでいくほど判断の回数は増え、バイアスから逃れやすくなっていきます。自分が嫌にならない程度で、時間を区切ってみてください。

また、細かい未来像をイメージするのが苦手な人は、問題を次のように変換してみてもいいでしょう。

・原文…2年後に転職すべきだろうか?
→変換…今から半年、6ヵ月が過ぎて、そして2年後に転職すべきだろうか?

・原文…1年後にこの人と結婚すべきだろうか?
→変換…今から3ヵ月、6ヵ月と過ぎて、そして1年後にこの人と結婚すべきだろうか?

特に詳しい未来のイメージは思い浮かべずに、たんに時間の区切りを入れただけですが、これだけでもあなたの脳は「実はそんなに遠い未来の問題ではない」と認識し、冷静な判断をしようと働き始めます。正式な「タイム・アンパッキング」のほうが効果は高いものの、簡易バージョンでもある程度の効果は得られます。ちょっとした時間で試してみてください。

時間変換テクニック3

老人になった未来を想像

「フューチャーセルフ」は、スタンフォード大学などのチームが効果を確かめたテクニックです。

研究チームは、50人の男女に最新のバーチャルリアリティ機器を身につけさせ、「老人になった未来の自分の顔」をリアルタイムで見るように指示。そのうえで、全員に1000ドルを渡して「どんなことに使いたいですか？」と尋ねたところ、興味深い結果が認められました。未来の老け顔を見た被験者の多くは、「もらったお金は貯金に回したい」と答えるなど、より合理的な判断を下すようになっていたのです。

この変化は、**自分の老け顔を見たせいで、目の前の欲望に負けなくなった**ために起きます。予想もしなかった大金が手に入れば、誰でも舞い上がってしまうもの。ローン返済などの重要な支払いのことは忘れ、欲しかったブランド品や贅沢なディナーに目が向くのが普通でしょう。

しかし、自分の老け顔を見ると、そんな気持ちにブレーキがかかります。自分の将来のイメージにリアリティが生まれた結果、「もっと未来の自分を大事にしてやらないと……」といった感覚が生まれ、最終的には、将来を見すえた合理的な選択ができるようになるわけです。

フューチャーセルフを使うには、「AgingBooth」とか「Oldify」のような、自分の写真を老け顔に加工できるジョークアプリを利用すればOK。何か目の前の欲望に流されそうな状況になったら、自分の老け顔をながめてみるのも一興です。

時間変換テクニック
4

最悪の事態と解決策を想像

私達が判断を誤る大きな原因のひとつに、「確証バイアス」と呼ばれる現象があります。**自分の考え方を支持してくれるような情報だけに意識が向かい、それ以外のデータを無視してしまう**心理です。

典型的な例は、血液型による性格分類です。「B型は気まぐれな性格だ」と信じている人は、たとえB型の人100人と会話をしたとしても、そのうち1人でも移り気なキャラがいれば「やはり人間の性格は血液型に現れる」と思い込みます。

その時点で残り99人のことは頭から消え失せ、もし他人から「マジメな性格の人もいた」などと指摘されても、「それは例外」や「それはA型寄りのBだから」などと言って譲りません。血液型の性格分類に科学的なエビデンスがないのはご存じのとおりですが、それでもいまだに支持者が多いのは「確証バイアス」のせいです。

ここまで極端な例でなくとも、確証バイアスはもっとさりげない形で現れます。例えば、何かお気に入りの商品を買ったらネットで絶賛の評価ばかりを探してしまい、辛らつな星1点のレビューからはなんとなく目をそらすような心理はおなじみのものでしょう。

好きなものをけなされて気分が良い人はいないでしょうが、確証バイアスの度が過ぎれば、有効な批判までなかったことになりかねません。そのせいで**自分の過ちを正せなくなるのが、このバイアスの恐ろしいところ**です。

確証バイアスを抜け出す手段として、心理学の世界では「前向きハインドサイト」なるテクニックが推奨されます。簡単に言えば**「事前に最悪の事態を考えつつ、その原因を考える」**というもので、アメリカの医療界や政府機関などでよく使われる折り紙つきの手法です。

「最悪の事態を想定する」ところは78ページの「ダーク・タイムトラベル」に似ていますが、こちらはさらに**事態に対応する新たなプランを作り出す**ところまで話を進めます。

「大口の契約を取るためのプレゼン」や「キャリアの選択」など、失敗のダメージが大きいような問題に対して使うといいでしょう。

「前向きハインドサイト」は、次の手順で行います。

ステップ1　失敗イメージング

「大事なプレゼンをしくじった場面」や「転職したらブラック企業だった場面」など、**取り組むべき問題が失敗に終わったところをクリアに想像**してください。

このステップでは、どれだけリアルに失敗をイメージできるかがポイントです。プレゼン中にクライアントが無反応な様子や、その後で上司に怒られる自分、さらに大口の契約を逃して給料が下がった場面など、**細かく失敗を思い浮かべるほど効果は高くなります。**

ステップ2 イメージチェック

続いて、チャレンジが失敗に終わった原因を考えてください。「何を間違えたのだろう？」「どこで間違えたのだろう？」といったネガティブな質問を自分に投げかけながら、ステップ1で思い浮かべたイメージを点検していきましょう。

「クライアントが無反応だった理由は？」や「上司はどのポイントに怒ったのだろう？」など、ステップ1で浮かべたイメージを時系列に沿いながらチェックするとやりやすいはずです。

ステップ3 ソリューションチェック

チャレンジが失敗に終わった原因が浮かび上がったら、今度はその解決策を考えていきます。「プレゼンを魅力的にするには？」や「転職先の正確な情報を手に入れるには？」のように、ステップ2で思い描いたポイントごとに、それぞれ「成功するにはどうすればいいのか？」を考えてみてください。

ステップ3が終われば、あとは考えついた解決策を実行していけばOK。**いったん最悪の事態を想像したおかげで視野が広がったうえに、そこからさらにネガティブな質問で原因を掘り下げたことで、確証バイアスにとらわれない現実的な判断が可能になった**はずです。

同時に、人間は快楽よりも苦痛に強く反応するメンタリティがあるため、楽観的な未来を思い描くよりもモチベーションが上がりやすいのも大きなメリット。大事なプロジェクトの成功率を高めたいときには、ぜひ試してください。

POINT

未来のイメージを想像していくことで、時間感覚が変わり、冷静で客観的な判断が可能になる。

自由への扉

03 計画性で直観に勝つ

計画性テクニック 1

「いつ・どこで・どのように」を計画

目標達成のために、前もって細かい計画を立てておく人は多いでしょう。**明確なプランがあれば、やるべきタスクに手をつけやすくなるため、確実に遂行のモチベーションが上がります。**

しかし、計画でゴールの達成率が上がる理由は、それだけではありません。事前のプランニングは、バイアスから逃れやすくする働きもあわせ持っているのです。

有名なのは、２０１２年にアメリカのある自治体が行った実験です。

この自治体は、かねてから地域のインフルエンザワクチンの接種率が低いことに悩んでいました。いくら広報を行っても反応が悪く、病院まで足を運ぶ住民の数は20％以下だったそうです。

そこで担当者は、ワクチンの広報パンフレットにちょっとした細工をほどこします。それまでは病院の場所と日程しか書いていなかったところに、ワクチン接種までの詳しいステップを加えたのです。

「3月3〜14日の6時までに電話で予約をする」「当日の10時には家を出て指定の病院に向かう」「病院では看護師に予約番号を伝える」……。

実にシンプルな方法ですが効果は絶大で、パンフレットを変えてからワクチンを受ける人の数は30％も増えました。**明確なステップを指示したおかげで、住民達はより正しい判断ができるようになった**わけです。

言うまでもなく、私達は長期的な目標と短期的な欲望の間で、常に揺れ動いています。「ダイエットをするぞ！」と目標を立ててもついケーキを食べてしまう。「貯金するぞ！」と決意したのに目新しい商品を買ってしまう。

短期的な欲望は人から合理的な思考を奪い、長期的なゴールのメリットを低く見積もらせる働きを持ちます。専門的には「現在志向バイアス」や「時間選好の逆転」などと呼ばれる心理現象です。

しかし、**事前に細かい計画を立てておけば、ゴール達成までのロードマップがクリアになるおかげで、人間の脳は「このステップさえ踏めば目標を達成できるのだ！」と考え始めます。結果として長期的な目標に意識が戻り、現在志向バイアスに負けにくくなる**わけです。


バイアス解除に効くプランニング法はいくつもありますが、代表的なのは「計画プロンプト」でしょう。先のワクチン実験のように、やりたい行動に関する細かい段取りをあらかじめ作っておく手法です。

ポイントは、**「いつ、どこで、どのように」の3つをしっかりと決めておくこと**。「運動をするぞ！」と思った場合は、こんな感じになります。

1 明日の午後6時に行う
2 自宅のリビングで行う
3 時間が来たら押入れからジャージを取り出す → ジャージに着替える → スマートフォンのタイマーを3分にセットする → 時間までスクワットをする → 時間が来たら再びタイマーを3分にセットする → 時間まで腕立て伏せをする……

中でも**大事なのは、「どのように」の部分です。この段階で細かな計画を立てれば立てるほど短期的な欲望に対して強くなり、バイアスの影響から逃れやすくなります。**

どのステップまで分けるかは人それぞれですが、基本的には「何も考えずに取り組めるかどうか？」で判断してください。「あれ？　ジャージに着替えたらどうするんだっけ？」などといった疑問が少しでも浮かぶようだと、その直後から面倒な気持ちがわき上がり、バイアスにハマる可能性が高まってしまいます。ご注意を。

計画プロンプトで目標を達成する

〈「運動をするぞ！」と思った場合〉

いつ	どこで	どのように
明日の午後６時	自宅のリビング	ジャージ→着替える→スマホタイマー３分→スクワット→スマホタイマー３分→腕立て伏せ

明確なプランがあればゴールの達成率が上がる

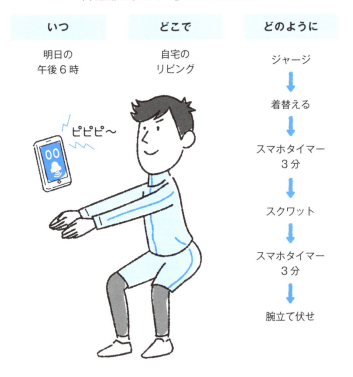

計画性テクニック 2

問題が起きたときの対応を決める

ダイエットや運動習慣ほど難しいゴールでなければ、**「アドバンス・チョイス」**という計画法も効果があります。「計画プロンプト」ほど細かくなくてもいいので、**問題が起きたときの対応をざっくり決めておく手法です。**

具体的に、会社やバイト先に賃上げ交渉をする場面で考えてみます。相手がすんなりこちらの申し出を飲めば話は早いですが、「そんなことを言ってくるなんてバカじゃないの？」などと、向こうが思わぬ挑発をしてきたような状況です。

事前に何の備えもしておかなければ、交渉がうまくいく確率は非常に低いでしょう。相手から予期せぬ挑発がくれば誰でも感情的になり、合理的に話を進めるのはまず不可能です。実際のところ多くの研究で、どちらかが感情的になったときは交渉がうまく進む確率が半分以下に下がるとの報告も出ています。

そこで、アドバンス・チョイスでは、以下のステップであらかじめ計画を立てておきます。

ステップ1 **ゴール設定**……「相手がこの金額まで上げてくれればＯＫ」「今の給料の10％アップじゃないと首を縦に振らない」のように落としどころを決めます。「ここは譲れない！」というレベルのゴールを設定してください。

ステップ2 **アドバンス・チョイス**……起きそうなトラブルを２～３パターンほど想定して、その対応策を決めます。

・相手が挑発をしてきたら、深呼吸で落ち着いてから最初に決めたゴールを貫く
・相手が粘り始めたら、こちらも長期戦の構えを見せる

「もし○○の問題が起きたら、××の行動を取る」といった形式を使い、あらかじめ細かい対応策を決めておきましょう。

「アドバンス・チョイス」で設定する対応策は、具体的な行動でなくても構いません。『こちらは相手と対等の立場なのだ』と自分に言い聞かせる」や「自分が給料を上げてほしい理由を思い出す」のように**心構えを決めておくだけでも、感情的なリアクションに飲み込まれる確率は激減します。**

手軽なぶんだけ「計画プロンプト」よりは効果が落ちるものの、とても使い勝手の良いテクニックです。

計画性テクニック 3

日単位プランニング

「時間感覚を変える」の項でも見たように、人間は遠い将来に起きそうなイベントを考えるのが苦手な生き物。そのせいで**未来の出来事のインパクトを小さく見積もり過ぎ、目の前の誘惑に飛びついてしまう**のも、すでに紹介してきたとおりです。勉強をしなければならないのにスマートフォンのゲームに手が伸びてしまうときなどは、まさにこのバイアスが働いています。

この問題を解決するために使われる計画術が、**「日単位プランニング」**です。ミシガン大学が研究し効果を示したテクニックのひとつで、研究チームは１１００人の男女を２つのグループに分けて、それぞれ違う質問をしました。

グループ1　子どもができたと想像してください。18年後には、あなたは子どものために大学進学の準備をしなければなりません。学費はいつごろから貯めればいいと思いますか？

グループ2　子どもができたと想像してください。6570日後には、あなたは子どものために大学進学の準備をしなければなりません。学費はいつごろから貯めればいいと思いますか？

ご覧のとおり、異なるのは締め切りの表現のみ。「18年後」を「６５７０日後」に変えただけの違いしかありませんが、被験者の反応は大きく変わりました。子どもの進学を「日単位」で考えたグループは、なんと4倍も早めに計画に着手しようと考えたのです。

この結果について研究チームは、**「日単位で考えたほうが未来の自分との結びつきを強く感じられる」**と考えています。

「日単位プランニング」を使うときは、次のように計画を書き換えてください。

・変更前…3ヵ月後にプレゼンがある
　変更後…92日後にプレゼンがある

・変更前…2年後までに月収100万円を稼ぐ
　変更後…730日後までに月収100万円を稼ぐ

いわば、**「時間感覚を変える」の発想をプランニングと組み合わせたようなイメージです。これだけでも急に未来が身近になり、バイアスから脱出しやすくなる**のは間違いありません。締め切りがきちんと設定された問題に取り組むときに使ってみてください。

計画性テクニック 4

計画に休憩を組み込む

「フォース・ブレイク」は、計画を立てる時点で明確な「休憩ポイント」を作っておくテクニックです。昔から心理療法の世界で使われてきたテクニックで、重度の肥満やギャンブル依存などの治療に効果が確認されています。

まずは簡単に実践例を紹介しましょう。

・「あと3ヵ月で5キロ痩せる!」という目標を立てたときは、「2週間おきに1日だけダイエットを休む」と決める

・「半年後に資格試験を受ける!」がゴールなら、「週に1回は何もしない日を作る」と設定しておく

だいたい1〜2週間ごとのタイミングで、定期的に休む日を作ってください。「明日までに企画書を書く」のように締め切りがタイトなときは、「夕方に1時間だけ休憩を入れ

る」のように細かく刻んでも構いません。とにかく、いったん目標から離れた時間を作るのが大事です。

フォース・ブレイクがバイアスの解除に役立つのは、あらかじめ作った休憩ポイントが、冷静な判断力を取り戻すための時間として使えるからです。

もし休憩を決めずにひたすら目標に向けて進み続けると、頭の中は特定の思考で固まってしまい、もしうまくいかなかった場合にリカバリーが効きません。例えば、目標の体重に向かって毎日のようにカロリー制限を続けていたら、あなたの脳内は「いかに毎日の食事を減らすか？」や「空腹に勝つ方法は？」といった思考で埋めつくされていき、他の方向性が思い浮かびづらくなるでしょう。

ところが、定期的に目標を離れて休むことで脳は余裕を取り戻し、「食事を減らすんじゃなくて逆に野菜を増やすのはどうだろう？」「筋トレも組み合わせてみたらどうだろう？」などの別のアイデアを生み出します。**休憩のおかげでより深い情報処理が促されて、視点が広がったから**です。

休憩の時間は、目標に関係がないことなら何をしてもOKです。ただボーっと時間を潰してもいいですし、ペットと遊んだり好きなゲームをプレイするのもいいでしょう。どんな休憩でもあなたの脳は余裕を取り戻すはずです。

しかし、**フォース・ブレイクの効果をさらに高めるためにおすすめしたいのは、「あえて新しいことにチャレンジする」**という考え方です。自分にとってなじみ深いアクティビティではなく、休憩時間にまったく未知の体験に挑んでみるのです。

これはミシガン大学が提唱するテクニックで、休憩時間をいつもの活動に使うよりも、何か新しいことをしたほうがストレスが減り、良いアイデアも浮かびやすくなることがわかっています。**新しいタスクをやりとげたおかげで前向きな気分が生まれ、そのぶんだけ凝り固まった脳が解放される**からです。

フォース・ブレイクで冷静な判断力を取り戻す

〈「あと３ヵ月で５キロ痩せる！」と思った場合〉

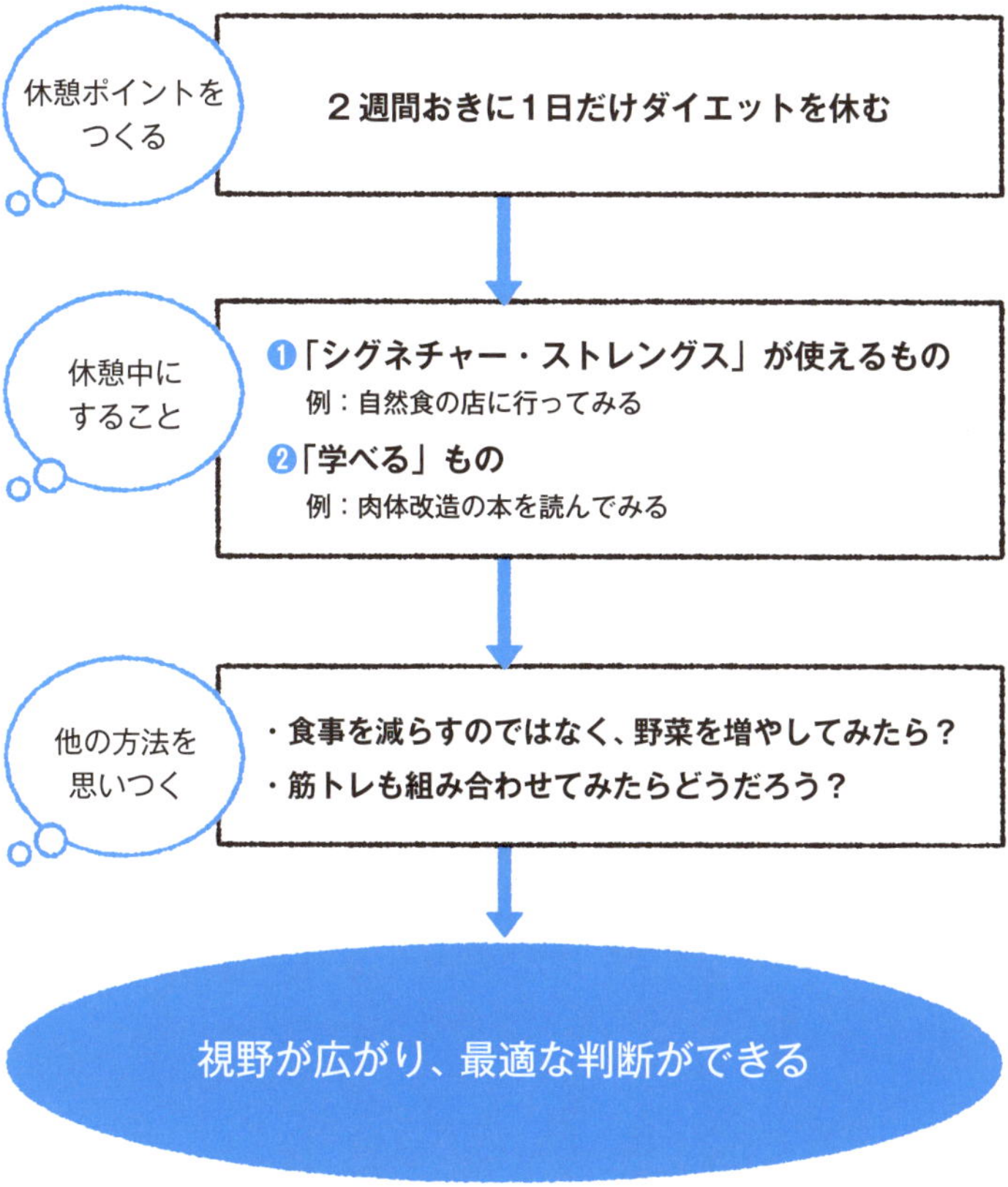

新たなチャレンジを選ぶ際には、次の2つのポイントを意識してください。

1　シグネチャー・ストレングスが使えるものを選ぶ

「シグネチャー・ストレングス」は、いわゆる「自分の強み」のことです。

論理思考が得意、ユーモアがある、文章がうまい……。どんな内容でもいいので、**あなたが持つ強みを活かせるようなチャレンジを選ぶほうが、フォース・ブレイクの効果は高まります。**

自分の強みがイマイチわからないかたは、「VIAサーベイ」(https://www.viacharacter.org/www/Character-Strengths-Survey)を使ってください。これは、ポジティブ心理学の研究にもとづいて作られたテストで、生まれ持った興味や特質を判断できる無料サービスです。あなたの得意な分野をランキング形式で教えてくれるので、上から順番に「この強みを、新しいチャレンジに活かすにはどうすればいいだろう?」と考えてみるといいでしょう。

2 「学べる」ものを選ぶ

何か**新しいスキルや知識を得られるような活動を選ぶのも、フォース・ブレイクの効果を高める**大事なポイントです。

「新しいソフトの使い方」「統計に必要な本を読む」「やったことのないスポーツをする」など、あなたが何かを得た気分になれそうなアクティビティを考えてください。そのほうが休憩中もポジティブな気分になりやすく、結果としてやはり脳が解放されていきます。

POINT

事前に細かな計画を立てることで、長期的な目標に意識がいき、短期的な欲望に対して強くなれる。

自由への扉

04 メンタルを最適化する

メンタルテクニック 1

無意識のバイアスに無意識で立ち向かう

ここまで、バイアスから逃れるための基本的な考え方とテクニックをお伝えしてきました。合理脳、時間感覚、計画性の3つを心がければ、「ニセの限界」にダマされる確率は減り、判断の正確性は大きくアップします。

が、それでもバイアス解除は簡単にはいきません。第1章でも見たように、バイアスは脳の根っこに刻み込まれたプログラムであり、ちょっと気を抜けば、すぐに元通りになってしまいます。**基本的にはバイアスから完全に逃れるのは不可能であり、私達にできるの**

は悪影響を少しでも和らげることだけです。

そこで本章の最後は、**バイアスへの防御力を上げるための「心構え」**をお伝えしておきます。

無意識の世界から襲ってくるバイアスに対して、意識的に使わねばならないテクニックだけで立ち向かうのは難しい話です。**バイアスによるダメージを減らすには、こちらも無意識の力を借りるのが得策**です。

つまり、ここから説明する手法は、いわば本章で取り上げてきたテクニックを使いこなすための土台のようなもの。ただの精神論ではなく、まずは無意識の中にバイアスによるダメージを減らすベースを作り、その上に意識的なテクニックを積み重ねるために欠かせないステップです。バイアスの解除に役立つ「心構え」を紹介しましょう。

メンタルテクニック 2

感謝の心で自己視点を突破する

第一に押さえておきたいのが「感謝の心」です。何やら安っぽい話に聞こえてしまいそうですが、**他人へ「ありがとう」と言いたくなるような気持ちは、確実にあなたをバイアスから解き放つ**力を持ちます。

ノースイースタン大学が、2014年に行った研究を見てみましょう。研究チームは、学生の被験者を3つのグループに分けたうえで、それぞれに次の作業を指示しました。

1　過去に起きた普通の1日を書き出す

2　過去に起きた幸福な出来事を書き出す

3　過去に起きた感謝したいことを書き出す

その後、被験者達に「今1000円をもらうのと、1年後に1万円をもらうのでは、どちらがいいですか?」と尋ねました。これはバイアス研究でもっともよく使われる質問で、「どれだけ目先の欲望に打ち勝って長期的な利益に目を向けられるか?」を判断するのが狙い。いわゆる「現在志向バイアス」(92ページ)への抵抗力を調べたわけです。

結果、各グループの金銭感覚には次のような違いが出ました。

・普通の1日を書いたグループ…1年後の1万円を目の前の1700円と同額に感じた
・幸福な出来事を書いたグループ…1年後の1万円を目の前の1800円と同額に感じた
・感謝したいことを書いたグループ…1年後の1万円を目の前の3000円と同額に感じた

言い換えれば、「普通の1日を書いたグループ」は「今1700円をもらえるなら、1年後の1万円はいりません！」と平均して答えたのに対し、「感謝を書いたグループ」は「今3000円をもらえるなら、1年後の1万円はいりません！」と答えたようなものです。どの被験者も目先の欲望に負けた点では同じですが、「感謝を書いたグループ」だけは、明らかに目先の欲望に耐える能力が上がっています。

感謝の気持ちでバイアスに強くなるのは不思議なようですが、メカニズムはとてもシンプルです。

第一に、感謝の気持ちを持つと、意識が他人のほうへ強く向かいます。「あの友達にはいつもお世話になってるな」や「今の自分があるのは両親のおかげだな」と思えば、自然と自分以外に目が行くでしょう。

すると、私達の内面には大きな変化が起きます。**意識が他人のほうに向かったおかげで自意識が薄れ、バイアスの力から抜けやすくなるのです。**

そもそもバイアスとは、自分の脳が生み出す幻に取りつかれ、視点がひとつに凝り固まった状態でした。ところが**感謝の気持ちで客観的な視点が育ったおかげで、より冷静で合理的な判断が促される**

感謝トレーニングで合理的な判断力を上げる

感謝トレーニングで客観的な視点が育ち
冷静で合理的な判断ができるようになる

わけです。

感謝の気持ちを育む方法は様々ですが、もっとも効果的なのは紙に書き出すことです。「今日は同僚に残業を手伝ってもらった」や「落としたスマートフォンを拾ってもらった」など、どんな小さな感謝でもいいので紙に書いてみましょう。

まずは寝る前の10〜15分を使って、最低でも2週間は続けてください。感謝のトレーニングを積めば積むほどあなたの無意識は他人に向かい、バイアスに強い状態に変わっていくはずです。

メンタルテクニック 3

アカウンタビリティで無意識を正す

ひとくちに「心構えを正そう」と言われても、そう簡単には実践できないのが人間でしょう。バイアスには感謝が大事だと頭ではわかっても、地道なトレーニングを積まない限り、自然な気持ちはわき上がってこないものです。

そんなときに意識して欲しいのが、「アカウンタビリティを使う」という考え方です。

アカウンタビリティはよく「説明責任」と訳されますが、**社会心理学の世界では「社会のルールに従いたくなる気持ち」**ぐらいの意味で使われます。

人間が他人の影響を受けやすい生き物なのは、よく知られた事実でしょう。売上ランキングの上位に入った商品を試したくなったり、友人のファッションを無意識にまねてしまうような心理は誰にでもあるはず。これが、アカウンタビリティです。


近年の心理研究では、アカウンタビリティをバイアス解除に役立てる研究が進められてきました。

例えばハーバード大学の調査では、IT系企業に勤めるオフィスワーカーを約2000人集め、2年に渡って全員の働きぶりをチェック。「仕事でどれぐらい正しい判断ができたか？」や「ひとつのタスクをこなすのにどれぐらいの時間を使ったか？」などを調べていきました。

研究の目的は、隣の席に座る人によって人間の生産性がどう変わるのかを確かめること。隣の同僚が優秀なら自分も優秀になり、隣がダメなら自分も仕事ができなくなってしまうのかを試してみたわけです。

果たして、結果は次のようなものでした。

- 隣に優秀な人が座ると、本人の生産性や判断力が17％上がる
- ネガティブな社員が隣に座ると生産性は最大で30％下がる

研究チームの予想どおり、人間の仕事ぶりは隣の席に強く影響され、全体の生産性の平均10％は「隣に座る人の影響」に左右されていました。ひとことで言えば、**「判断力を高めたければ判断力が高い人の隣に座れ！」**ということです。

このデータは、個人が属するコミュニティの重要性を強く表しています。「朱に交われば赤くなる」の言葉どおり、バイアスに強い人の中に身を置けばあなたもバイアスに強くなりますし、逆に周りが目の前の欲望に流されやすい人ばかりだったら、あなたも短絡的な思考しかできなくなります。

「この人は常に冷静な判断をしている」や「論理的な思考がうまい」と思えるような人を見つけたら、積極的に近づくようにしましょう。その影響力は気づかぬうちに無意識を

左右し、必ずやあなたの判断力を高めてくれます。
と同時に、あなたが「判断力が低いな」や「長期的な視野で物事を考えてないな」と感じてしまうようなグループに身を置かないように気を配るのもお忘れなく。アカウンタビリティは良いほうにも悪いほうにも使える諸刃の剣だからです。

メンタルテクニック 4

ストレスが大きいときは決断しない

友人やコミュニティと並んで、あなたの判断に影響を与えるのがストレスです。イライラのせいで誰かに八つ当たりしたり、悲しさで何も考えられなくなったりと、多くの人は日常的にストレスで判断力を狂わされています。

怒りやイライラといった心理的ストレスはもちろん、空腹、疲労、身体的な不快感なども間違った判断のもと。何か嫌な気分を感じただけで理性は失われ、バイアスが思考を乗っ取りはじめます。

何より恐ろしいのは、実際にはまだストレスを感じていなくとも「なんだか嫌なことがあるかも……」と考えただけでも人間の判断力には影響が出てしまう点です。

ある実験では、被験者に「今日はどんな1日になりそうだと思ったか」を起き抜けに記録するように指示しました。その判断が脳の働きにどう影響するかを調べたところ、朝に「今日はストレスが多い1日になりそうだ……」や「キツい日になるかもなぁ」と思った人は、実際にその日に嫌なことが起きなかったときでも、脳のワーキングメモリの能力が落ち続けたそうです。

ワーキングメモリは短時間だけ記憶をキープする脳の機能で、これが働かなければ集中力は削がれ、まともな判断もできません。つまり、朝にストレスを予想しただけでも、あなたは冷静に物事を見られなくなるのです。

ストレスがおよぼす悪影響はどんなプロフェッショナルでも変わらず、仮釈放手続きの統計データを使った研究では、食事をした直後の陪審員は、空腹時よりも寛大な判断を下す確率が高かったとの報告も出ています。空腹のストレスは司法判断にも影響をあたえるわけです。

難しいのは、少しでもストレスを感じた時点で、人間の判断力は下がってしまうところ

です。

ちょっとした空腹、同僚からの心ない言葉、いかんともしがたい悪天候……。日常でささいな不快感を覚えた瞬間から、あなたの内側にはバイアスが生じ、合理的な思考を奪い去ります。いかに普段からストレス対策を心がけていたとしても、こればかりは対処しようがありません。

つまり、**唯一の対策は、「ストレスを感じたときは決断しない」と決めておくこと**です。

大事な決断が必要な場面では、「今イライラしてないか？　ネガティブな気分ではないか？　空腹や疲労、痛みなどはないか？」のように自分の状態をチェックするクセをつけてください。

ストレスからは三十六計逃げるに如かず。**もし何らかの不快感を覚えていたら、いったん判断は打ち切り、リフレッシュしてから出直しましょう。**

POINT

「感謝の心」と「ストレス状態を切り替えること」でメンタルを最適化すれば、バイアスへの防御力が上がる。

CHAPTER

3

知るだけでかかりにくくなる
バイアスの罠20

いったんおさらいをしましょう。

第一に、世間には「限界を超えればうまくいく！」などと教える自己啓発書は多いものの、このアドバイスには意味がありません。どんな人でも環境の制約はありますし、そもそも私達の能力は大半が遺伝子で決められているからです。

このような絶対的な限界には、どれだけ抵抗しても時間のムダ。

それでも自分の限界を超えたいと願う人が多いのは、「バイアス」の存在が原因でした。みなに生まれつき備わった「考え方のクセ」が、ありもしない限界の幻を見せ、あなたの行動を誤った方向へ導くのです。

そこで本当に必要なのは、**内なる「バイアス」の影響から逃れ、常に最適な選択ができるような合理性を養うこと**です。

第二に、幸いにも、ここ数十年の研究により、私達のバイアスが意外と簡単に解除できるという事実がわかってきました。前章でも説明したように、**「こんなバイアスがありますよ」といった知識を学ぶだけでも人の脳には客観性が生まれ、より合理的な判断を促す**

からです。

そして、具体的なバイアスの解除法は大きく4つで成り立っていました。「合理脳を起動する」、「時間感覚を変える」、「計画性で直観に勝つ」、「メンタルを最適化する」です。これらのトレーニングをくり返すことで、バイアスから逃れて、冷静で客観的な判断が可能になるのです。

そこで本章では、間違った判断を生みやすいバイアスを20個に厳選し、それぞれの特徴を説明していきます。

人間が持つバイアスは多数存在しますが、ここで取り上げるのは、特にあなたの足を引っ張りやすいものばかり。心当たりがないかチェックしながら読み進めてみてください。

01 あなたはいくつ当てはまる？ バイアスチェックリスト20

■まずは自分がハマりやすいバイアスを5つ選ぼう！

手始めに、私が選んだ20のバイアスをチェックリスト形式で手短に説明します。このリストは、次のように使ってください。

1　リストをざっとながめて、「これは自分に当てはまるかも……」と思ったとおりに順位をつけます。「強く当てはまる」と思うものは1位ですし、「これは完全にないな」と感じれば20位にしてください。順位は直観で決めていただいて構いません。

2　順位をつけ終わったら、リストの上位5番目までに注目。1位をつけたバイアスから順に、124ページからの詳しい解説ページを読み進めましょう。とりあえず5位まで読めばOKです。

もちろん、すべての「バイアス解説」を読んでも問題はありませんが、**ひとまずトップファイブだけに的を絞ったほうが効果は出やすくなります**。というのも、私達がハマりやすいバイアスの種類は、各自の個性、知的レベル、環境などによって大きく変わっていくからです。

例えば、心配性な人ほど物事をネガティブに見るバイアスを持ちますし、一方ではどんな逆境でもポジティブにとらえすぎてしまう人もいます。どのバイアスにかかりやすいかは十人十色なため、まずは自分に当てはまるものから重点的に取り組むのが得策なのです。

あなたの人生の足を引っ張る20のバイアス

□初対面で嫌われたかもと思いがち ⬇ 好感度ギャップ（124ページ）

□SNSで他人を羨ましく感じる ⬇ リア充バイアス（127ページ）

□自分の価値観で他人を決めつけがち ⬇ 価値フィルタバイアス（129ページ）

□見た目で相手の性格を決めつける ⬇ 体型バイアス（131ページ）

□気づかないうちに他人を見下す ⬇ 潜在的差別バイアス（133ページ）

□ネガティブ思考になりがち ⬇ ネガティブバイアス（136ページ）

□重要なことを後回しにする ⬇ 単純緊急性効果（139ページ）

□今の状態を保ちたいと考えてしまう ⬇ 現状維持バイアス（142ページ）

□ウケを狙った行動をとりがち ⬇ スマイルシーキングバイアス（146ページ）

□ 自分を平均よりも優れていると思う ↓ 隠れナルシストバイアス（148ページ）
□ 年齢を理由に新しいことに取り組めない ↓ エイジズム（153ページ）
□ ネットのレビュー数の多さで商品を選ぶ ↓ 人気優先バイアス（155ページ）
□ 金儲けを卑しいと思いがち ↓ 嫌儲バイアス（158ページ）
□ 他人のミスや偶然の産物を好ましく思う ↓ 誤謬選好バイアス（161ページ）
□ 好奇心が高まり過ぎて危険を冒す ↓ 好奇心リスク（164ページ）
□ 相手に正直な気持ちをぶつけるのを怖れる ↓ 真実隠蔽バイアス（166ページ）
□ 他人の親切をプレッシャーに感じる ↓ 互恵不安バイアス（169ページ）
□ 周囲に感謝の気持ちを伝えるのが苦手 ↓ 感謝ギャップ（174ページ）
□ 「こうなることはわかっていた」と思いがち ↓ 後知恵バイアス（176ページ）
□ 宗教やスピリチュアルにハマりがち ↓ 直観バイアス（180ページ）

02 20のバイアスがもたらす怖すぎるリスクとは？

代表的なバイアスを押さえたところで、それぞれの詳しいメカニズムを見ていきましょう。「自分はどのような場面でバイアスに引っかかりやすいのか？」と考えながら読み進めてください。

バイアスの罠 1

初対面で嫌われたかもと思いがち ⬇ 好感度ギャップ

初対面の人と話すのは誰でも緊張するもの。つい「自分はどう思われているのだろう……」と不安になったり、ひどいときは「相手に嫌われただろう」と思い込んでしまう人も少なくないでしょう。

このように、**何の証拠もなしに「自分は好意を持たれなかっただろう」と判断してしまうのが「好感度ギャップ」**です。この思い込みにとらわれると、他人とのコミュニケーションを恐れるあまり大事なチャンスを逃しかねません。あなたの足を引っ張る代表的なバイアスと言えます。

好感度ギャップに苦しむ人の数は意外なほど多く、例えばかつてハーバード大学がこんな実験を行いました。

1　被験者に初対面の相手とペアを組ませる
2　5分間だけ普通に会話をしてもらう
3　会話が終わったら、全員に「どれぐらい相手を気に入ったか？」と「自分の会話をどう思ったか？」の2つを尋ねる

すると、興味深い傾向が現れました。**被験者の大半が「相手は私のことを気に入らなかったに違いありません」と答えた**一方で、会話した相手に対しては「好意を持った」と

答えたのです。

研究チームの報告によれば、大半の被験者は、会話中に「次は何を言うべきか？」や「相手に気に入られているか？」といった心配ごとに飲み込まれていました。**話をしながらもコミュニケーションの不安が頭をめぐり続けたせいで、最終的に自分に厳しい採点になってしまった**のです。

また、さらに恐ろしいことに、いったん「相手に気に入られなかった……」という気持ちにとりつかれた場合、その感覚は数ヵ月

初対面の相手に気に入られなかったと思う人の心理パターン

初対面の相手に気に入られなかったと思う人が
大半を占める＝「好感度ギャップ」

にも渡って続いたというのです。好感度ギャップは、他人とのコミュニケーションに限界を作るだけでなく、メンタル面にも多大な影響をおよぼすようです。

このバイアスから完全に逃れるのは簡単ではありませんが、**基本的に人間は相手の好意レベルを見抜くのが苦手な生き物**であり、**「たいていの場合、相手は自分が思うよりもこちらを気に入っているものなのだ」と自覚しておく**だけでも悪影響を軽減できます。ムダに自分を責めないよう注意しましょう。

バイアスの罠 2

SNSで他人を羨ましく感じる ↓ リア充バイアス

「リア充バイアス」は、**「他の人達は自分よりも豊かで楽しい生活を送っているに違いない」と思い込んでしまう現象**です。これは複数の機関が存在を確認しており、例えばある研究では次のような調査を行いました。

1　被験者に「あなたの友人はどんな暮らしをしていると思いますか？」と尋ねる

2　被験者の友人にも話を聞きに行き、「あなたは普段どんな生活をしていますか？」

と尋ねる

その結果は明確で、**ほぼすべての被験者が「友人は自分よりもリア充だ」と答えました**。どんなに親しい友人同士でも、お互いに「あいつは俺よりも恵まれている」と思い込んでいたのです。

このようなバイアスが生じたのには、**ネット文化の発達**が関わっています。

過去の社会においては、自分の生活レベルは「近所の人」や「会社の同僚」との比較で判断されました。「隣の人と同じぐらいの生活ができているから、自分は普通なのだろう」「同僚と同じぐらいの給料だから、自分は貧しくはないのだろう」と思うことができたわけです。

もちろん、テレビでは有名人の豪華な暮らしが紹介されるケースもありましたが、これは遠い世界の話。接点のない人がどれだけ良い生活をしていようが、自分のポジションはゆらぎません。

ところが、ＳＮＳの登場ですべてが変わりました。インスタグラムでは一見平凡な人物が充実した（ように見える）暮らしぶりを次々にアップし、フェイスブックを見れば友人達の楽しげな飲み会やパーティの画像が嫌でも目に入ります。おかげで比較対象となるライフスタイルの基準が大きく上がり、実際よりも自分の暮らしがみじめに思えてしまうのです。

リア充バイアスに気づかず他人の暮らしぶりを羨み続ければ、ほどなくあなたのメンタルは衰え始めます。近年の研究でも、フェイスブックなどで他人と自分を比べる回数が多い人ほどうつ病の発症率が高い傾向が確認されており、若い人ほどその悪影響を受けやすいようです。

リア充バイアスに心当たりがあるなら、**まずはインターネットからいったん距離をとり、友人や隣人のリアルな暮らしを観察するよう心がけて**みてください。

バイアスの罠 3

自分の価値観で他人を決めつけがち ⬇ 価値フィルタバイアス

よく「本当の自分でいましょう！」などと書かれた自己啓発書を見かけますが、このような考え方は、今の心理学では支持されていません。なぜなら**「本当の自分」とは、自分**

や見る側の都合でどのようにも変わってしまう、あいまいな概念だからです。

ある実験では、被験者に過去に自分が取った良い行いと悪い行いを思いつくだけリストアップさせ、「どの自分が本当のあなたを表していますか？」と尋ねました。すると、ほぼ全員が「お年寄りに親切にしてあげた」や「被災地に寄付をした」などの良い行動をしたときの自分を、「真の自分を表している」と答えたそうです。

人は自分が良い人間だと思いたいものなので、当たり前の結果に思われるかもしれませんが、この実験のポイントは、「真の自分」が観察者の視点によって変化することを明らかにした点です。

例えば、「神は偉大だ」と考える熱心な信者ほど、敬虔に祈りを捧げる人の姿を「彼の真の姿だ」と感じやすいでしょう。同じように、「バリバリ働くのが成功する秘訣だ」と考える経営者なら、深夜まで働く社員を見て「これが彼の本当の姿だ」と思うかもしれません。

いずれにせよ「本当の自分」とはごく主観的なもので、それぞれの人が持つ価値観の反映でしかないのです。

これが、「価値フィルタバイアス」です。実際には真の自己など存在しないのに、あなたが「正しい」と思う価値観のフィルタを通して、自分や他人の「本当の姿」を決めつける心理を指しています。

このバイアスに気づかないままだと、良かれ悪かれ、誤った判断につながるのは確実です。

たんに要領が悪いせいで夜遅くまで働く人を見て「彼は凄い」と思い込んでしまったり、たまに親切にしてくれただけの人を「あの人は優しい」と考えてしまったり……。

何か他人のことを判断する場面があったら、「今の判断は価値フィルタバイアスではないか？」と考えるクセをつけてみるといいでしょう。

バイアスの罠 4
見た目で相手の性格を決めつける ↓ 体型バイアス

人は誰しも、多かれ少なかれ「見た目」だけで他人を判断するものです。例えば、イケメンや美女のほうが、なんとなく頭や性格まで良さそうに思えてしまう心理傾向などは、誰しも心当たりがあるのではないでしょうか？　事実、顔立ちが良い人ほど優秀に思われる心理傾向は世界中で確認されており、典型的なバイアスのひとつと言えます。

さらに近年では、私達が他人の「体型」からも相手の性格を判断している事実が明らかになってきました。

テキサス大学の実験では、肥満から痩せ型まで様々な体型をした男女の画像を用意。これを学生達に見せて「写真の人物はどのような性格だと思うか？」と尋ねると、たいていの人は、太った人に対して「怠惰」や「注意不足」といったネガティブな特性を当てはめました。

逆に、ほどよく痩せた体型には「自信がある」や「情熱的」といったポジティブな評価が集まりやすく、マッチョな体型の男性やフェミニンな体型の女性は、どちらも「活動的」で「外交的」だが「短気」とみなされました。さらに、あまりメリハリがない平凡な体型は、男女ともに「信頼できる」「温かみがある」と判断されやすかった一方で、「シャイ」だと思われる傾向がありました。

「体型バイアス」には文化的な要素も多いでしょうが、過去にはアジア圏などでも似た実験が行われ、やはり同じような結果が出ています。体型だけで相手の性格を判断してしまう心理は、生まれつき人間に備わったものなのでしょう。

あなたは無意識に他人の体型から性格を判断しているだけでなく、あなたもまた体型から性格を評価されています。望んでいないようなキャラづけをされたくないなら、体型にも注意しましょう。

バイアスの罠 5

気づかないうちに他人を見下す ⬇ 潜在的差別バイアス

人種差別や職業差別が良くないのは当たり前です。しかし、残念ながら人類はそこまで聖人君子な生き物ではなく、いくら自分では「差別などしていない！」と思っていても、**心の奥底では弱者を下に見ていることが多い**のをご存じでしょうか？

この傾向を、専門的には「潜在的差別バイアス」と呼びます。思わず否定したくなるかもしれませんが、多くの研究で長年に渡って明らかにされてきた心理現象で、ほぼすべての人は知らず知らずのうちに何らかの差別意識を持ち、毎日の判断が左右されているというのです。

潜在的差別バイアスに気づかないままだと、あなたは知らないうちに他人を見下したよ

うな態度を取ってしまいます。そんな人間が好感を持たれるはずはなく、相手からは「外面はいいけどなんだか嫌な人だな……」との印象を持たれるでしょう。人生へのダメージは計り知れません。

もっとも有名なのは、ハーバード大学などが長年行ってきた「潜在連合テスト（IAT）」でしょう。これは「無意識の差別」を測るために生み出されたテストで、年齢、肌の色、体重、人種、セクシャリティなどのジャンルから、あなたが自分でも知らない偏見をあぶり出すことができます。ネットでも簡単にテストを受けられるので、ぜひ試してみてください（https://implicit.harvard.edu/implicit/japan/takeatest.html）。

テストの内容は簡単で、例えば「年齢」の項目を選ぶと画面にいくつかの顔写真などが表示されます。写真が「老人」か「若者」かをできるだけすばやく分類していくのが基本的なルールです。

おもしろいことに、無意識のうちに老人へ差別を持った人ほど、分類する反応が数ミリ秒だけ遅くなる傾向があります。自分でも気づかない差別心が脳の機能を少しだけ鈍らせ、すばやいリアクションを取れなくさせてしまうからです。

このテストを使えば、「自分は人に平等な人間だ！」と思っている人でも、実際は人種や性別などに対して偏った思考を持っている事実が明らかになります。ちょっと怖いかもしれませんが、自己の内なるバイアスを知るためにもチェックしておきましょう。

ちなみに近年では、**潜在的な差別は人間関係に良くないだけでなく、本人の健康にもダメージが大きい**こともわかってきました。ある研究では、先のテストで被験者の差別心を計測したうえで全員の健康データと比べたところ、「潜在的差別バイアス」が強い人ほど早期での死亡率が高い傾向が見られたのです。

その理由はまだハッキリしませんが、無意識の差別が、他人とのコミュニケーションをさまたげたのが大きな原因だと考えられます。「潜在的差別バイアス」が強い人は他人から嫌われやすいため、そのせいで知らぬまにストレスを抱え込んでしまい、最終的には健康まで悪化させてしまうのです。

対人コミュニケーションの改善だけでなく、健康に暮らすためにも潜在的差別バイアスの対策は欠かせません。潜在連合テストで、定期的に自分の差別心をチェックしてみましょう。

バイアスの罠 6

ネガティブ思考になりがち ➡ ネガティブバイアス

どの世界にも「いつも運が悪い人」というのはいるものです。

道を歩けば頭に鳥のフンを落とされ、雪が降ればすべって転び、職場では必ず嫌なヤツとペアを組まされる……。

なぜか人よりも不幸に見舞われる確率が高く、イマイチ人生がうまくいかないような人物です。

しかし、これをたんなる偶然だと思うのは大間違い。最近の心理学では、**なぜかいつも運が悪い人には、特有の科学的なメカニズムがあることがわかってきた**からです。

例えば中国科学院による実験では、プロのドライバーを集めて交通事故歴を調べて「安全運転が多いグループ」と「交通事故が多いグループ」の2つに分けました。その後、全員に次のような写真を見せて、それぞれのイメージに対する反応スピードを調べていきます。

・ポジティブな写真（喜ぶ人々など）
・ネガティブな写真（泣き叫ぶ子どもなど）
・ニュートラルな写真（町の風景など）

すると、ドライバーの間に興味深い違いが現れました。交通事故を起こしやすい人ほど、ネガティブな写真に強く反応する傾向があったのです。

これは、専門的には「ネガティブバイアス」と呼ばれる状態です。**ついついマイナスな現象に意識が向かってしまう心理**のことで、俗に「マイナス思考」と呼ばれるような人は、ネガティブバイアスを持つケースが多く見られます。

例えば、あなたが車を運転している最中に、歩道で泣きわめく子どもを見かけたとします。普通ならば「迷子になったのかな？」ぐらいに考えて、すぐに気を取り直して運転を続けるケースがほとんどでしょう。

しかし、ネガティブバイアスが強い人は、いつまでも「あの子どもはなんで泣いていたのだろう？」とか「このまま泣いていたらどうしよう？」などと考えてしまい、なかなか運転に意識を戻せません。結果として運転操作がおろそかになり、事故が起きやすくなってしまいます。

ネガティブバイアスは多くの実験で確認されており、**マイナス思考な人ほど1度にひとつのことにしか意識が向かず、目の前の危険を見逃す可能性**が高い事実がわかっています。いつも不幸なことが起きる人は、たんに運が悪いのではなく、ネガティブバイアスのせいで視野が狭まっていたのです。

逆に言えば、楽観的な人ほど視野が広いため、「上空に

なぜか怒られやすい人の心理パターン

マイナス思考で一度にひとつのことにしか
意識が向かず目の前の危険を見逃す傾向
=「ネガティブバイアス」

鳥が多いな……」「目の前の道が凍っているな……」「なんだか上司の機嫌が悪そうだな……」といった周囲のトラブルに気づくことができます。そのおかげで危険を未然にふせぎ、あたかも不幸にあいにくい人のように見えていくわけです。

なぜか物事がうまくいかないと思ったら、試しに「今ネガティブバイアスにハマっていないか？」と自分に問いかけてみてください。それだけでも、バイアスの悪影響を和らげることができます。

バイアスの罠 7 重要なことを後回しにする ➡ 単純緊急性効果

「いつも気がつくと大事なことが後回しになってるなぁ……」といった問題にお悩みの人は多いでしょう。本当は運動で体を鍛えたり、家族を旅行に連れて行ったりしたほうがいいのはわかっているのに、ついつい企画書の作成や資料のチェックなどに時間を使ってしまうパターンです。

これは人間なら必ず持つ心理傾向で、「単純緊急性効果」なる専門用語まで存在します。

頭で「重要だ」と判断しているタスクよりも、たんに「締め切りが近い」だけのタスクを

選びがちなバイアスのことです。

具体例をあげましょう。2018年に行われた研究では、被験者に2パターンの条件を提示し、どちらか好きなほうを選ぶように言い渡しました。

1　5分の締め切りでタスクをこなしたら10ドルもらえる

2　50分の締め切りでタスクをこなしたら25ドルもらえる

ひとつめは緊急性が高いものの重要性は低く、2つめは緊急性は低いが重要性は高くなるように設定されています。要するに研究チームは、「人間は『緊急』と『重要』のどちらに反応しやすいのか?」という問題について調べたわけです。

当然、普通に25ドルをもらったほうが得な気がしますが、現実には「5分で10ドルもらう」を選ぶ人のほうが格段に多い傾向が見られました。**ほとんどの人が、反射的に「重要性=金額が多くもらえる」よりも「緊急性=タイムリミットが近い」を基準に物事を判断したの**です。

心当たりがある人は少なくないでしょう。「3日後までに定例会議の資料作成をしなくちゃ」といったん決めたら、「3ヵ月後までに業績回復の戦略を立てる」という目標よりも優先して取り組んでしまうのは普通のことです。

しかし、ここで立ち止まって、「定例会議の資料作成と業績回復の戦略考案のどっちが大事なんだろう？」と考えられる人は多くありません。緊急性の罠にからめとられると、私達の注意はタスクの重要性にまでは向かなくなり、たんに「締め切りが近い」だけの行

締め切りに振り回される人の心理パターン

締め切りの
ためだけに
やろうと
していないか？
あれ？
重要なこと
・業績回復の
戦略を立てる
締め切りが近いこと
・定例会議の
資料作成

大事なことをおろそかにして、
締め切りが近いタスクばかりをしてしまう傾向
＝「単純緊急性効果」

動にリソースを費やしてしまうからです。

多くの研究によれば、「単純緊急性効果」にハマりやすいのは次のような人です。

- **いつも「忙しいなぁ……」や「やることが多いなぁ……」と思っている人**
- **今までに何度も「締め切りが近い」ことを優先し続けてきた人**

つまり、普段から大事なことをおろそかにして、締め切りが近いタスクばかりに取り組むほど「単純緊急性効果」の影響は強くなります。**取り返しがつかなくなる前に、「これは『締め切り』のせいだけでやろうとしていないか？」と考えるクセをつけておく**といいでしょう。

バイアスの罠 8

今の状態を保ちたいと考えてしまう ⬇ 現状維持バイアス

「現状維持バイアス」（50ページ）は、**今の状態を保ちたいと考えてしまう心理傾向**です。

どう考えても現在の職場はブラック企業だとしか思えないのに、「ここまで頑張ったから……」や「今辞めたら不安だから……」などの気持ちがわき上がってきたら、現状維持バイアスにハマった可能性が高いと考えられます。

この心理傾向が強いと、いかに現状がヒドくても打破するモチベーションが生まれません。その意味では、数あるバイアスの中でも特に「ニセの限界」につながりやすい心理メカニズムだと言えます。

何より怖いのは、現状維持バイアスが私達の幸福度を大きく下げてしまうところでしょう。**変化を恐れて現在の状態をキープしてばかりいると、ニセの限界に苦しむだけでなく、確実に人生がみじめになってしまう**のです。

2016年、『ヤバい経済学』などの著作で有名なスティーヴン・レヴィット博士が、おもしろい研究をしました。ネット上に「架空のコイン投げができるサイト」を作り、なんらかの悩みを持つ人達を集めて無料で使わせたのです。

サイトの機能はシンプルで、まず始めに「今の仕事を辞めるべきかどうか？」や「離婚するべきかどうか？」といった悩みをテキストボックスに記入し、その後で画面に表示された架空のコインを投げて表と裏のどちらが出たかを確認します。もしコインの表が出たら、画面には「その悩みの解消は実行すべし」とのメッセージが表示され、裏が出たら「その悩みの解消は取りやめるべし」とのメッセージが表示されます。

本当にメッセージに従うかはユーザー次第ですが、その後の調査では、サイトを使った者の63％がコインのお告げを実行に移していたとか。架空のコイン投げでも、その影響力は意外なほど大きいようです。

博士は1年かけて約4000人のデータを集めた後、さらに各ユーザーの追跡調査を行い、コイン投げに従った人達の人生がどのように変わったかをチェックしました。言い換えれば、現状維持バイアスを乗り越えれば、私達は本当に幸せになれるのかを調べたわけです。

その結果は、次のようなものでした。

・コイン投げの結果に拘らず、とにかく今の悩みの解消を実行に移した人ほど、半年後の幸福度は高かった

・悩みのレベルが深ければ深いほど、現状を維持せず実行に移したほうが幸福度は高くなりがちだった（仕事や結婚に関する悩みなど）

もちろん、現状を打破するのが必ずしも正解だとは限りません。嫌だった仕事を辞めたら年収が下がるケースもあれば、離婚を決めたら予想よりさびしさがつのってしまう可能性もあるでしょう。しかし、試さなければ何もわからないのが現実です。

しかも、少なくとも「幸福度」の点において実験の結果は明白でしょう。**人生の岐路で「やるかやらないか」で迷ったら、とりあえず実行に移したほうが幸せになれる確率は高まります。**

それもそのはずで、例えば「今の仕事を辞めるべきだろうか？」といった悩みが浮かんだ時点で、その人の中にはすでに「別の職場のほうが幸せになれる」との確信がある可能性が大きいはず。それなのに、現状維持バイアスのせいでダラダラと悩み続ければ、幸福度は下がっていくばかりでしょう。レヴィット博士が用意したコイン投げサイトは、その確信を後押ししただけなのです。

いたずらに人生の幸福度を下げないように、**定期的に「この悩みが解消できないのは現状維持バイアスではないか？」と自問してみましょう。**それだけでも、あなたは自分の確信にもとづいた決断ができるようになります。

バイアスの罠 9

ウケを狙った行動をとりがち ⇓ スマイルシーキングバイアス

2018年、シカゴ大学が357人の男女を集め、「次の2つの商品から、好きな人へのプレゼントにしたいほうを選んでください」と伝えました。

1　個人名（プレゼントをもらう人の名前）が入ったマグカップ
2　人間工学にもとづいて作られた機能的なマグカップ

結果、多くの被験者は1番の「名前入りカップ」を選び、「こちらのほうが喜ばれるだろう」と回答したそうです。要するに、長期的なメリットが大きそうなアイテムよりも、相手がすぐに喜んでくれそうなほうを選んだことになります。

ところがその後、被験者が選んだプレゼントを、好きな人へ実際に渡してみたところ、受け手の反応は予想と異なるものでした。名前入りカップをもらった相手はみんな喜びはしたものの、「できれば機能的なカップのほうが欲しかった」と答えたからです。

つまり、この研究からは2つの教訓が得られます。

1　多くの人には、相手が目の前で大きなリアクションを取ってくれそうなプレゼントやサプライズを選びやすい心理傾向がある

2　プレゼントをもらうほうは、長期的なメリットが高そうなものを喜びやすい

このような感覚の食い違いを、心理学では「スマイルシーキングバイアス」と呼びます。一言でいえば、**「他人の短期的なリアクションを優先して行動を決めてしまう」バイアスのこと**です。

他人に喜んでもらおうと頑張ったのになぜか失敗してしまう……。仕事の手伝いをしても感謝されないし、プレゼントをしても嬉しい顔をされない……。

そんな事態が起きたら、あなたは「スマイルシーキングバイアス」の罠にハマっているかもしれません。**他人のリアクションを見たいという動機で行動したせいで、正しい選択ができなかった**からです。

もっとも、このバイアスを避ける方法はとても簡単で、事前に「相手が自分の目の前ではプレゼントを開かないとしたら？」と想像してみればOK。それだけでも「スマイルシーキングバイアス」から一歩引いた視点が生まれ、より適切なプレゼントを選べるようになるはずです。

他にも、「自分が彼の仕事を手伝ったことに気づかなかったら？」や「自分がデートに誘おうと思っている場所に彼女が一人で行ったら？」などと考えてもいいでしょう。状況に応じて質問をアレンジしてみてください。

バイアスの罠 10

自分を平均よりも優れていると思う ➡ 隠れナルシストバイアス

多くの人が引っかかりやすいのが、**「隠れナルシストバイアス」**（54ページ）です。

このバイアスは、ただのナルシストとは違うので注意してください。隠れていない〝普通のナルシスト〟とは、言うまでもなく自分のことが大好きな自己中心的なキャラクターのこと。常に「私は平均より優れている」と思い込み、その心理を周りに隠そうともしません。

ある研究では、数千人の被験者に「自分は平均より頭が良いと思いますか？」と尋ねたところ、イエスと答えた人の数は全体の65％にも達します。男女の比率でいうと、**男性の70％、女性の60％は自分を平均以上**だと考えており、これはかなりの割合だと言えるでしょう。

ただし、普通のナルシストには、良い面もあります。彼らは「自分は他人より上だ」と思い込むせいで、自ら設定した高いハードルを満たそうと努力する傾向もあわせ持つからです。適度なレベルのナルシシズムであれば、逆に上を目指すモチベーションになるわけです。

本当に問題なのは、ぱっと見はナルシストに見えないのに、実は**心の底では「誰も私のことを理解してくれない！」や「周りはみんなバカなのではないか？」と思い込むタイプのキャラクター**です。

このタイプは「隠れナルシスト」と呼ばれ、周囲に多大な迷惑をあたえます。

ひそかに「自分には凄い才能があるのだ」と信じているのに努力はせず、メンタルが弱いせいで他人からの批判には弱く、ネットで目立つ有名人を見つけては日がなバッシングに精を出したり、自分を笑った人を延々と恨み続ける……。

そんなタイプの人に、誰にでも一人や二人は心当たりがあるのではないでしょうか？

もしあなたが隠れナルシストの罠にハマっていたら、人生がうまくいくはずはありません。**何の生産性もないのはもちろん、自意識だけ高いわりに能力も伸びていかず、他人からも嫌われてしまうから**です。

そんな事態にならないように、ぜひ普段から自分の隠れナルシスト度をチェックしておきましょう。心理学の世界では、すでに「隠れナルシスト」を診断するテストが開発されており、10の質問に答えるだけで簡単に自己診断できます。以下の質問に対して5段階で点数をつけてみてください。

自分の隠れナルシスト度を判断するための10問

・まったく当てはまらない …… 1点
・当てはまらない ………… 2点
・どちらでもない ………… 3点
・当てはまる ……………… 4点
・とてもよく当てはまる …… 5点

1 自分のこと（健康状態や人間関係など）について、完全に没頭して考えてしまう
2 他人から嫌なことを言われたり、冷やかされたりすると、すぐに傷ついてしまう
3 部屋に入ると、室内にいた人達の視線が自分に注がれているように感じる
4 自分の手柄を他人と分けあうのは嫌いだ
5 自分のことで手一杯なので、他人の問題に関わる余裕がない
6 自分の性格は、ほとんどの人と違うと感じる

7　しばしば他人の発言を自分のことととらえてしまう
8　すぐ自分の興味のあることに夢中になり、他人の存在を忘れてしまう
9　自分を認めてくれる人が1人もいないグループとは一緒にいたくない
10　他人の相談に、自分の時間を使うように頼まれると、ひそかにイライラしてしまう

すべての点数を合計したら、次の数字を参考に「隠れナルシスト」のレベルを判断しましょう。

①23点以下…隠れナルシストの要素はゼロです。もう少し健全なナルシストを目指してもいいレベル。
②29点前後…ちょうど平均ぐらいの健全なナルシストです。
③35点以上…かなりの隠れナルシストです。エゴを小さくして、もっと社会とつながる練習をしてください。自分を良く見せるよりも、本当に情熱を持てることに時間を使うよう意識しましょう。

バイアスの罠 11

年齢を理由に新しいことに取り組めない ⬇ エイジズム

「もう若くないんだから無理はやめよう……」「いい歳だからできなくて当然だ……」。このような考え方を、おもに社会学の分野で「エイジズム」と呼びます。**「老化は良くないことなのだ」というバイアスにとらわれ、本来はできるはずの行動に取り組めなくなる心理のこと**です。

年齢を理由に「最新のデジタル機器がわからなくても仕方ない」などと思い込むのは、まさにエイジズムの典型例。自分に「ニセの限界」を設定したせいで、前に進むモチベーションが失われた状態です。

また、ここでいうエイジズムは、**「自分はもう歳だから」と思う心理だけでなく、周囲の人間が高齢者を過剰なほど親切にあつかってしまう傾向**も意味しています。電車でお年寄りに席をゆずったら「まだ若い」と怒られたり、横断歩道でお年寄りの荷物を持とうとしたら気まずそうな顔をされたりと、相手を年寄りあつかいするのもエイジズムの一種なのです。

ＦＷＩという世界の社会学者が集まった組織の調査によれば、ここ数年、エイジズムは世界中で進行し続けているのだとか。なんとも難しい問題ですが、このバイアスにとらわれれば**新しいことに取り組む意識が失われ、本来の能力が伸ばせなくなります**。心当たりがある人は、意識してエイジズムを取り除いてください。

エイジズムに立ち向かうには、日ごろから自分が持つ「老化のイメージ」に気を配るしかありません。

例えば、鏡を見て自分の小じわに気づいてドキッとしたとき、テレビで高齢社会のニュースを見てなんとなく落ち着かない気持ちになったときなどに、「なぜ今心がざわついたのだろう……」や「この感情はどこから来たんだろう？」といった質問を自分に投げかけてみてください。

普段からエイジズムを意識しておくと、やがて「どうやら私は老化で体が動かなくなるのが怖いらしい」「歳をとると頑固な性格になると思い込んでいるようだ」のように、自らの思い込みを理解できるようになります。**エイジズムで自分の行動を縛らないように、ぜひ注意してください**。

バイアスの罠 12

ネットのレビュー数の多さで商品を選ぶ ⬇ 人気優先バイアス

ネットのレビューを見て商品の購入を決める人は多いでしょう。特にAmazonのレビューは量が多く、商品のクオリティを判断する大きな手がかりになります。

しかし、残念ながら、現代においてネットのレビューを本当に使いこなせている人は少数派です。あるバイアスのせいで、ユーザーの多くは間違ったアイテムを買わされ、より良い商品を選べなくなっているのです。

2017年、スタンフォード大学がAmazonで数万件もの商品をチェックし、レビュー数とレーティングの平均値を比べる研究を行いました。

そこでまずわかったのは、**商品のレビュー数とスコアの平均値には相関がないという事実**です。数千を超えるレビューがついているのに星の平均が3点の商品があったり、10件のレビューしかなくてもすべての星が5点だったりと、採点者の多さとスコアの高さが一致しないのは、もはやおなじみの光景でしょう。簡単に言えば、良い商品だけが必ずしも売れているわけではない、ということです。

ある意味で当たり前の結論ですが、ここから研究チームは調査を進め、もうひとつ興味深い傾向を明らかにしました。ユーザーの消費行動を細かくチェックしたところ、**たいていの人は「点数の高さ」よりも「レビュー数の多さ」を重視して商品を選んでいた**のです。

冷静に考えれば、数千人が3点をつけた商品よりも、数人が5点をつけた商品のほうがクオリティが高い可能性は十分にあります。しかし、そうだとしても、大半の人は同品質、同価格の場合ではレビュー数が多いアイテムを買ってしまうわけですね。

この現象を、心理学では「人気優先バイアス」と呼びます。私達の多くは、**商品の質をちゃんと吟味せずに、よりレビュー数が多いものを選んでしまう心理**を持っています。

このバイアスは、商品の購入以外にも大きな悪影響をもたらします。どの会社に入るべきか？　どんな恋愛のパートナーを選ぶべきか？　などなど、人生のあらゆる選択を「人気の高さ」だけで決めていったら、どんな事態になるかは自明のことでしょう。物事を人気で判断しないように、常にバイアスの存在を意識してください。

ちなみに、スタンフォード大学が作った統計モデルに照らせば、**評価がほとんど同じ選択肢からひとつを選ばねばならない場合は、レビューの数が少ないものを選ぶほうが合理的**な選択になります。

例えば、あなたがAmazonで新しいバッグを買おうとしたところ、星の平均が4のバッグが2つ見つかったケースを考えてみましょう。こんなときは、レビュー数が100のアイテムよりも、レビュー数が10しかないほうを選ぶほうが、実際に届く商品は良質である可能性が高まります。

「え？」と思われるかもしれませんが、これはネットのレビューではよくある現象です。たとえ**どちらのバッグも星の平均が4点だったとしても、レビュー数が多いものほど採点のバラツキは大きくなり、5つ星が多くなる代わりに1つ星も増えていきます**。

一方で、レビューの数が少ないのに星の平均が4点の場合は、より採点のバラツキが小さいせいで1つ星や2つ星は少ないことが多いのです。もちろん、この考え方が常に当てはまるわけではないものの、大きな視点から見れば、レビュー数が少ないものを選ぶのが正解になります。

これは純粋な数理モデルから出た結論なので、バイアスにとらわれようがありません。

合わせて参考にしてください。

バイアスの罠
13

金儲けを卑しいと思いがち

↓

嫌《けん》儲《もう》バイアス

世の中には、金儲けに嫌悪感を持つ人達が一定数います。

普通に考えれば、「金儲け」自体に何の罪もないのは当たり前でしょう。本当に大事なのはお金をどう使うかであって、金儲けそのものは、いたってニュートラルな行動にすぎません。にも拘らず、**金持ちを卑しい人間として嫌ったり、稼ぎが多いビジネスパーソンを「性格が悪そうだ」と判断したりする人が多い**のは不思議なものです。

これをただの嫉妬と考えれば話は早いですが、ことはそう簡単ではありません。実は私達の中には、他人の金儲けを嫌うバイアスが生まれつき備わっているからです。

ある実験では、被験者に「Fortune ５００」企業のリストを見せて、「この会社はなぜ収益が高いと思うか？」と質問したところ、ハッキリしたパターンが確認されました。「収益が高い」というイメージが強い企業ほど、「悪いことで稼いでいる」と思われやすかったのです。

たとえその企業が、本当は儲けていなかったとしても関係はありません。**金儲けのイメージが強いだけで悪い印象が生まれてしまう**のが、このバイアスの恐ろしい点です。かつてマイクロソフトが「悪の帝国」などと呼ばれたのも、このバイアスのせいかもしれません。

また、嫌儲バイアスはかなり強い力を持っており、年収が高い人や経済の知識がある人も容易にハマってしまうこともわかっています。つまり「嫌儲」は貧しい者の

金儲けを悪いことと思う人の心理パターン

金儲けを嫌い、いたずらに世間を恨む傾向
=「嫌儲バイアス」

ひがみではなく、人類にあまねく共通する思考のクセなのです。

資本主義の世の中において、嫌儲バイアスが害悪なのは言うまでもありません。企業がお金を儲けるからこそ商品の品質が守られるし、イノベーションも起こすことができます。誰も金を稼がなければ生活に必要なものも満足に行き渡らず、社会の幸福度は下がるばかりでしょう。

もちろん個人レベルでも悪影響は大きく、金儲けを嫌えば住む場所や食べるものの自由がなくなり、「アイツは金のことばかり考えている」「あの会社は拝金主義に成り下がった」などといたずらに世間を恨むだけの暮らしになりかねません。まさに、自分で自分に制限をかけている状態です。

多くの研究によれば、嫌儲バイアスの影響から自由になる方法はひとつだけで、**金儲けによる長期的なメリットへ意識的に目を向けるしかありません。**

例えば、次のようなことです。

・企業はお金を儲けるからこそ商品の品質が守られる
・お金を儲けて資金を得ないと、イノベーションが起こせない
・そもそも金儲けとは、それに相当する価値を誰かに提供した証である

くり返しになりますが、私達がお金を稼ぐからこそ、回り回って社会全体が豊かになります。誰も金を稼がなければジワジワと全員が貧しくなっていき、最後に待ち受けるのは独裁者が統べる共産主義社会のようなディストピアです。確かに富が偏りすぎるのも問題とはいえ、嫌儲もまたそれ以上のデメリットを抱えています。

お金は自由と豊かさへの手段にすぎず、善でも悪でもありません。この点を意識して、嫌儲バイアスを抜け出しましょう。

バイアスの罠 14

他人のミスや偶然の産物を好ましく思う
↓ 誤謬《ごびゅう》選好バイアス

あなたは、次の選択肢からどちらを食べてみたいと思うでしょうか？

1　有名パティシエが長年かけて練り上げた新作のお菓子
2　有名パティシエが材料選びを間違って偶然に生まれた新作のお菓子

このような質問をされると、多くの人は2番を選びます。人間の心の中には、間違いや偶然でできた作品に大きな期待を持つ心理、いわゆる「誤謬選好バイアス」が備わっているからです。

このバイアスは意外なほど影響力が大きく、私達の周りには「失敗から生まれた凄い作品」のエピソードがあふれています。

例えば、技術者が間違って作った弱い接着剤を応用して生まれた「ポストイット」。ある薬剤師が作った痛み止めがたまたま美味だったため清涼飲料水として使われるようになった「コカ・コーラ」。よく考えればどちらもただの偶然でしかありませんが、「構想10年」と言われるよりも、何やら凄そうに思えるから不思議なものです。

また、これと同じようなバイアスとして、**「人間はミスをした相手を好きになりやすい」という心理も存在します。**

確かに、何ごともソツなくテキパキこなす人物よりも、ミスをくり返すようなキャラのほうがなんとなく好ましく感じられるもの。すべてにおいて完璧なスーパーマンよりも、女たらしで金にうるさいアイアンマンのほうが人気が高いのも、このバイアスが働いています。私達の中には、他人のミスや偶然の産物を好むメカニズムがあるのでしょう。

ただし当たり前ですが、間違いから生まれた作品やミスが多い人物だからといって、必ずしも性質が良いとは言えません。逆もまたしかりで、いくら綿密な計算のもとに作られた商品でも、本当に優秀とは限りません。その意味では、どちらも正しい判断をねじ曲げるバイアスなのです。

今後、商品やサービスなどの質を見極めねばならない場面があれば、自分が誤謬選好の罠にハマっていないかどうかを確かめてみてください。

バイアスの罠 15

好奇心が高まり過ぎて危険を冒す

↓ 好奇心リスク

人生に好奇心が必要なのは間違いありません。何かにワクワクする心がなければ、物事を学ぶモチベーションが生まれませんし、何よりも毎日が楽しくないでしょう。事実、複数のリサーチにより、好奇心が旺盛な人ほど勉強が身につくスピードが速く、知性も高くなっていくことがわかっています。

しかし、一方で「好奇心は猫を殺す」のことわざもあるとおり、なんにでも興味を持つ気持ちにはリスクもあります。

目新しい商品への興味が強くて無謀な買い物をしたり、未知の体験をしたくてよからぬサプリに手を出したり……。

強い好奇心のせいで一線を越えてしまうケースは日常的によくあることでしょう。禁じられた玉手箱を開いて老人になった『浦島太郎』や、言われたことを破ってふすまを開いたせいで幸せが崩れる『鶴の恩返し』のように、過度な好奇心に警鐘を鳴らすストーリーにも事欠きません。

これらの現象を専門的に言えば、「好奇心は人間のリスク計算をゆがめる」と表現できます。本来なら冷静に「これは危険だから近づかないでおこう」や「今月は予算がないから買うのをやめよう」などと判断できるのに、好奇心が高まり過ぎて正確なリスクが判断できなくなった状態です。

好奇心リスクは、実験でも確認されています。

例えば、ある研究では、被験者にプロマジシャンが手品を披露する動画を見せ、そのうえで「タネを知りたければクジを引いてください。ただし、クジに外れたら電気ショックを受けてもらいます」と伝えました。人間の好奇心が、どのように意思決定に影響するかを調べたわけです。

その結果は研究者の予想どおり、おもしろい手品を見た後は、どの被験者も電気ショックをいとわず喜んでクジを引きました。本来なら電気ショックなど受けたくないはずが、好奇心でリスク計算が甘くなったのです。

いずれにせよ、ここで大事なのは好奇心をうまく使いこなすことです。そのやり方は簡単で、何かにワクワクしたら、いったん立ち止まって「好奇心リスク」のことを思い出してください。

「今リスクの判断がゆがんでいないか？」と考えるだけでも十分にメンタルのブレーキが働き、適度に好奇心のメリットを活かせるはずです。ぜひお試しを。

バイアスの罠 16

相手に正直な気持ちをぶつけるのを怖れる ➡ 真実隠蔽《いんぺい》バイアス

「どこまで正直に相手と会話すべきか？」という判断は意外と難しいものです。

「気まずくなりそうだから、この話題は持ち出さないでおこう……」「機嫌を損ねてはいけないから、あえて批判はしないでおこう……」「自分の考えを言ったら引かれそうだから隠しておこう……」。

会話中にこんなことを思った経験を持つ人は少なくないでしょう。相手に正直な批判をぶつけたり、自分の秘密をバラしたりして、気まずい雰囲気が流れてしまうのは嫌なもの。ウソをつくまではいかずとも、危険度が高い情報を隠そうとするのは一般的な大人の処世術です。

が、これが実は心理学的には大間違い。**本当は、気持ちや考えをすべて包み隠さず話したほうが良い**のです。

かつてシカゴ大学がおもしろい実験をしました。約150人の男女を対象に、「正直な会話のメリット」を調べたのです。

研究チームは被験者を3つのグループに分け、それぞれに特定のコミュニケーション法を指示しました。

1　正直な会話を心がける

2　親切な会話を心がける

3　自分の会話や行動を意識しながらコミュニケーションを行う

実験期間は3日間で、その間被験者は、言われたとおりのスタイルで友人や職場の同僚との会話を実践。その後、全員に「会話をどれぐらい楽しめたか」や「友人との関係はどう変わったか」などを採点させると、第1のグループでは次のような傾向が確認されました。

・最初はみんな「正直に会話をしたら相手との関係性が悪くなってしまうだろう」と考えがちだったが、実際は他のグループよりも相手との親密度が増した
・実際に正直なコミュニケーションを取ったところ、なんら人間関係への悪影響は起きず、それどころか相手との関係性が深まった

現実の世界では、いくら正直に気持ちをぶつけようが人間関係はビクともせず、逆に相手と仲良くなれるようです。

言われてみれば当然でしょう。「それはそうだけど……」や「まぁ気持ちはわかるけど……」のような、自分の気持ちをにごしたトークをされるのは誰でも嫌なものです。それぐらいならば、今の考えや感情を素直に言ってくれたほうが、よほどスッキリするのではないでしょうか。

先行研究でも、自分の内面を素直にさらす人ほど好かれやすいことがわかっており、「自己開示」なる専門用語までついています。ところが、多くの人は「正直な会話」に偏見を持ち、素直なコミュニケーションを避けようとする「真実隠蔽バイアス」を持つよう

です。

このバイアスもまたあなたの内面に「ニセの限界」を作り出し、毎日の行動を縛り上げます。**正直さを避け続ければ、大事な相手との関係性はいっこうに深まらず、結果として長期的なチャンスを逃しかねません。**今後、誰かとコミュニケーションを取るときは、ぜひ自分の正直な考えや感情を避けずに相手へぶつけてみましょう。

ただし、このアドバイスは、「あえて嫌なことや批判的なことを言おう！」という意味ではないので注意してください。

大事なのは、「自分の正直な感情や考えと矛盾しない発言」を心がけることです。このポイントさえ間違わなければ、あなたは真実隠蔽バイアスを正しく乗り越えることができます。

バイアスの罠 17

他人の親切をプレッシャーに感じる ↓ 互恵《ごけい》不安バイアス

他人からの親切に、なぜか居心地が悪い思いをしたことはないでしょうか？

・落とし物を拾ってもらったら妙に不安になった
・席をゆずってもらったらなんだか落ち着かない気分になった
・仕事を手伝ってくれた同僚に対して申し訳ない気持ちになった

相手の好意を不安に感じるのは不思議なようですが、これはごく一般的な心理のひとつ。「互恵不安バイアス」と呼ばれる思考の罠にハマったせいで起きる現象です。

このバイアスは全人口のおよそ18％の人が持ち、おもに**他人に迷惑をかけたくない気持ちが強過ぎるせいで起きます**。「親切にはお返しをしなければ！」といった感覚が他人よりも大きく、これをプレッシャーに感じてしまうのです。

研究によれば、互恵不安バイアスが強い人は、お店が提供する無料のドリンクや20％オフのクーポン券といったものをもらうのも嫌がります。「他人に借りを作りたくない！」という気持ちがありすぎて、どんなささいな申し出にも不安が生まれてしまうからです。

互恵不安が強いと、人生はなかなかうまくいきません。多くの研究により、**他人からの**

親切は喜んで受けたほうが好感度は高まりやすいとの結果が出ているからです。

それもそのはずで、自分が親切にした相手からは、誰しも素直な喜びのリアクションを期待するはず。ここで不安そうな表情を浮かべられては、親切のしがいがないというものです。

そんな事態が続けば、やがて親切な人は周囲から去り、本当に重要な場面で助けてくれる人がいなくなってしまうかもしれません。そこまで極端な状況にならずとも、**自分への好感度が**

相手の好意をプレッシャーに感じやすい人の心理パターン

申し訳ないな
借りを
つくりたくないな
大変そう
手伝おうか

他人に迷惑をかけたくない気持ちが強過ぎ、
相手の好意をプレッシャーに感じてしまう傾向
＝「互恵不安バイアス」

ムダに下がってしまうのは確実です。

あなたの互恵不安レベルは、簡単なテストで計測できます。次の質問に自分がどれぐらい当てはまるかを、5段階で採点してみてください。

自分の互恵不安を判断するための11問

・まったく当てはまらない……1点
・当てはまらない……2点
・どちらでもない……3点
・当てはまる……4点
・とてもよく当てはまる……5点

1 自分でできることを他人にお願いしたことはない

2 すぐお返しをできる確信がないと、相手からの親切は受けない
3 もし自分がすぐお返しできないなら、他人に頼みごとをすべきではないと思う
4 相手にお返しができないときは、他人への頼みごとは避ける
5 誰かが自分の作業を手伝うと言ってきたら、すぐにその借りを返せない限りは申し出を断る
6 お返しを考えるのが嫌なので、他人への頼みごとをひかえることがある
7 誰かから頼みごとをされたら、どのように返事をすべきか不安になる
8 すぐにお礼をできないのが怖くなることがある
9 他人へのお礼に失敗したら、周囲からどう思われるかが心配になる
10 ときどき、自分は他人へのお返しに気を病みすぎだと思うことがある
11 他人に貸しを作ると落ち着かず、少しイライラする

回答が終わったらすべての点数を合計すれば終了です。合計が30点より下なら互恵不安は平均的なレベル。それよりも上なら互恵不安は高めだと考えられます。

もし他人からの親切に居心地が悪くなったら、「これは互恵不安ではないか?」と考え

てみましょう。それだけでもバイアスの罠を乗り越えることができます。

バイアスの罠
18

周囲に感謝の気持ちを伝えるのが苦手

⬇ 感謝ギャップ

感謝は人間関係の基本です。他人からお礼の言葉を受けて、嬉しくならない人は少数派でしょう。

そのメリットは学問の世界でも広く認められており、**日常的に感謝の気持ちを忘れない人ほど幸福感が高く、健康的な暮らしを送りやすく、さらには貯金まで増える**とのデータまで存在します。感謝の気持ちはそれだけメンタルに良く、人生を良い方向に導く力を持つのです。

しかし、そうは言っても、つい感謝をおこたりがちなのが人間でしょう。決して他人へお礼したくないわけではなく、「なんとなく照れ臭い」や「わざわざ感謝しなくても、こちらの思いはわかってくれるだろう」といった気持ちになり、相手にお礼を言うのを避けてしまうのです。

この感覚を、一部の専門家は「感謝ギャップ」と呼んでいます。感謝のメリットを実際よりも低く見積もり、相手へのお礼をひかえてしまうバイアスのことです。

シカゴ大学の実験によれば、感謝ギャップの影響は思ったより大きなものです。

研究チームは、被験者に仕事仲間への感謝の手紙を書くように指示。「その仕事仲間が自分の人生にどれぐらいの影響をあたえたか？」や「同僚の存在によりどれだけ助けられたか？」などを便せんにしたためさせ、さらに「相手が手紙を受け取ったらどれぐらい喜ぶだろうか？」と予想するように言い渡しました。

その後、手紙を実際に仕事仲間に送ったところ、「感謝ギャップ」を解除する効果は予想以上でした。ほとんどの被験者が「急に手紙なんて送ったら変に思われるだろう」と予想したにも拘らず、実際に手紙を受け取った人達は例外なく大喜びしたのです。

つまり、人間には「こちらの気持ちは相手に通じているに違いない」と思い込む傾向があり、私達の多くは、感謝のパワーを甘く見過ぎているのです。同時に「自分の感謝をうまく伝えられるだろうか？」と心配になりがちな心理も感謝ギャップを大きくします。

「感謝ギャップ」の悪影響は説明するまでもないでしょう。

先にも述べたとおり、他人への感謝は人生をうまく進めるためには欠かせない要素です。相手へお礼の気持ちを伝えるだけで大きなメリットが得られるのですから、わざわざひかえる理由はどこにもありません。

この事実を逆に言えば、**周囲に感謝の気持ちをきちんと伝えることのできる人は、それだけでも心理的な優位性が得られる**ということでもあります。自分の「感謝ギャップ」を意識して、積極的に周囲へ感謝してみてください。

バイアスの罠 19

「こうなることはわかっていた」と思いがち ⬇ 後知恵《あとちえ》バイアス

「後知恵バイアス」とは、**後から自分の記憶をふりかえって「こうなることはわかっていた」と思い込んでしまう現象**のことです。いくつか例をあげてみましょう。

・ワールドカップでフランスが優勝したのを見て、「そんな予感がしていたんだよなぁ……」と周囲にふれまわる
・大学受験の前は「心配で仕方ない」と言っていた両親が、合格通知がきたら「お前はやると思っていた」と言い出した
・曇り空を見て「天気が崩れそうだ」と思いつつ外出したら本当に雨が降ってきたため、「俺は予言の力がある！」と考えてしまう

このように、「後知恵バイアス」はあらゆる場面で起きます。ビジネス、スポーツ、政治など、どの世界にも後から「……だと思った」と言い張る人は多いでしょう。彼らは見栄を張っているわけではなく、バイアスにハマったせいで、心の底から自分が正しいと思い込んでいるのです。

「後知恵バイアス」が問題なのは、失敗から学べなくなる点です。すべてのことに「実はわかっていた」と思ってしまうと、自分が犯したミスに意識が向かないため、失敗を反省の材料に使うことができません。

具体的な事例として、ペンシルベニア大学が行った実験を見てみましょう。

研究チームは705人の起業家を集め、まずは全員に「新しい事業がうまくいく確率は何%だと思うか?」と質問。この時点での回答の平均は77・3%でした。

しかしその後、しばらく時間が過ぎてから事業が失敗に終わった起業家だけを集め、「この前の調査で、あなたは新事業がうまくいく確率を何%だと答えたか覚えているか?」と尋ねたところ、数字に大きな変化が現れます。**事業を始める前はほとんどの起業家が「80%近い確率で成功する」と答えていたのに、失敗した直後の数字は平均58・8%にまで下がった**のです。

つまり、起業家の多くが最初は自信過剰だったにも拘らず、後から「自分は冷静に成功率を見積もっていた」と思い込んだことになります。これでは事業が失敗した理由を分析する気にもならないでしょう。今の暮らしとは無関係なスポーツや政治に口を出すうちはまだほほえましいですが、ビジネスで「後知恵バイアス」にハマると、自分の未来も縛ってしまう事態になりかねません。

この問題を乗り越える方法には、「後知恵バイアス」が起きやすいシーンを知っておくのが重要です。**あらかじめバイアスが働きそうなシチュエーションを頭に入れ、いざその場面がきたら警戒心を持てるようなマインドセットを作っておく**のです。

「後知恵バイアス」は、おもに2つの状況で発生します。

❶必然性……**何らかの出来事が起きたときに、その「原因」をすぐに思いつきやすいものほど「後知恵バイアス」は起きやすくなります。**例えば「自分の持ち株が下がった」という事件が起きたときに、「同じ時期にAppleの業績が下がったからだろう」などと原因をすばやく考えつく事柄ほどバイアスが発生するのです。

このとき、思いついた原因がどれだけ突飛なものでも、あなたが「これが原因だろう」と決めつけた時点でバイアスは起きます。

つまり、「墓参りをしなかったから持ち株が下がったのだ」のように明らかにおかしな理由でも関係ありません。本人が事実だと思えば、すぐに「後知恵バイアス」は起動することになります。

❷予言性……自分の身に起きた出来事に、意外性がないときにも「後知恵バイアス」は起きやすくなります。「本命のサッカーチームが勝利した」や「下馬評の高い政治家が当選した」のように大方の予想どおりの結果が起きると、もし本当は事前に違うことを考えていたとしても、「自分もわかっていた」との気持ちがわき上がるのです。

以上の2つのポイントを押さえたら、日常的に「後知恵バイアス」を意識するように心がけつつ、「もし違う結果が起きていたらどう思うだろう？」と考えてみるのがおすすめです。「ここで自分の株が上がっていたら？」「もしビジネスが成功していたら？」「会社を辞めずに残っていたら？」……。

実際とは真逆の空想をぶつけることで、目の前の現実を客観的に見つめる視点が生まれ、「後知恵バイアス」の脅威からも逃れやすくなるはずです。

バイアスの罠 20

宗教やスピリチュアルにハマりがち ⬇ 直観バイアス

科学の世界では、「宗教にハマる人ほど知性（思考力や判断力）が低い」との考え方があるのをご存じでしょうか？

信心深い方には申し訳ありませんが、これはデータで示されたまぎれもない事実。例えば２０１３年に行われたメタ分析では、「宗教と知性」に関する63件のデータをまとめたうえで「r＝０・24」という相関係数を出しています。

この数字は、そこまでの強い関連性はないものの、大きな傾向としては宗教的な人ほど知性が低い傾向があることを示します。どうやら宗教的な人ほど物事を理性的に考えず、間違った判断をしやすいようなのです。なぜこのような現象が起きるのでしょうか？

２０１８年、インペリアル・カレッジ・ロンドンがオンラインで約６３０００人の男女を集めて12種類の認知テストを実施。計画力やワーキングメモリなどの能力をチェックした後で、全体を３つのグループに分けました。

1　宗教的（心の底から神仏を信じるタイプ）
2　不可知論者（神仏がいるかどうかは人間には判断できないと考えるタイプ）
3　無神論者（神仏のような存在はいないと考えるタイプ）

それからすべてのデータを統合したところ、**宗教的な人より無神論者の成績が高く、不可知論者はその中間におさまる傾向**がありました。神を信じる者よりも、信じない者のほうが認知テストを解くのが得意だったのです。

もっとも、ここまでは従来の研究と同じ結果にすぎません。この実験の本当のポイントは、宗教的な人と無神論者を比べた際に、ワーキングメモリや反応時間などには差が見られなかった点にあります。

言い換えれば、脳そのものの性能には、両グループの間で違いはありません。神を信じようが信じまいが、生まれつき備わった脳機能のレベルは同じです。

しかし、他方で宗教的な人は、推論や論理的な思考を必要とするテストに弱い傾向がありました。記憶力や情報を処理する能力は決して低くないのに、論理や客観性が必要なテストになると急に成績が下がってしまいます。

このような現象が起きるのは、宗教的な人ほど直観に頼って物事を考えがちだからでしょう。人知を超えた万能の存在を信じることで、心の中に「最終的な判断は神が行ってくれるだろう」との考え方が生まれ、気

占いやスピリチュアルに頼りがちな人の心理パターン

客観的なデータにもとづく論理的な思考を放棄している
＝「直観バイアス」

づかないうちに論理的な思考を遠ざけてしまうわけです。いわば「直観バイアス」です。

また、直観バイアスに陥りやすいのは宗教的な人だけではありません。**自分を超えた大きな存在に頼るスピリチュアル系、特定のカリスマに盲目的に従うセミナー系、口当たりの良い前向きな言葉だけを信じて突き進む自己啓発系などは、いずれも直観に頼って物事を決めがち**です。

これらに共通するのは、客観的なデータにもとづく論理的な思考を放棄した点でしょう。**本当に大事なのは、常に自分の頭で考えること**です。このポイントさえ意識しておけば、「直観バイアス」の罠にハマらずに済むでしょう。

POINT

自分がハマりやすいバイアスの罠を自覚して、客観的なデータにもとづいて論理的に考えるクセをつけよう。

CHAPTER

4

無理なく限界を超える
3つの突破力

ここまで、第3章でたくさんのバイアスと、その解除法をお伝えしてきました。

また第2章でお伝えしたとおり、私達のバイアスは、そのメカニズムを知るだけでもある程度は取り除くことができます。つまり、本章まで読み進めてきた時点で、すでにあなたの脳はバイアスの罠にハマりにくくなっているわけです。

そこで本章ではさらに歩を進めて、より深くバイアスを解除するためのテクニックを見ていきます。単に**バイアスの存在に気づくだけでなく、思考の罠からできるだけ自由になり、「限界」を正しく認識するための手法**です。

そのテクニックは、全部で3つあります。

ポイント1 ―― セルフモニタリング

ポイント2 ―― クリティカル・シンキング

ポイント3 ―― 知的謙遜

詳しくはこの後で説明するとして、まずはこれら3つのテクニックに共通する、大きなポイントを押さえておきましょう。それは、「客観性」です。

何度もお伝えしたように、バイアスとは個人が持つ思考のクセであり、いったん「こうに違いない」と思い込んでしまったら、他の選択肢を思いつくのはほぼ不可能です。いわば「主観」に飲み込まれた状態と言えるでしょう。

こういった**主観の罠を避けるには、「客観」で立ち向かうしかありません。**あらかじめ物事を一歩引いた視線で見る能力を鍛えておけば、バイアスが起動しそうになっても軌道修正が可能になります。

限界を正しく知るための3つのテクニック

客観性

①
セルフモニタリング
（自分の行動・思考・感情を観察・記録すること）

②
クリティカル・シンキング
（物事を批判的にとらえる思考法）

③
知的謙遜
（自分には知識が足りないと自覚し、学び続ける姿勢）

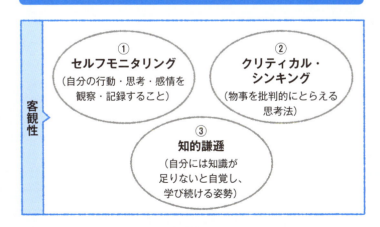

徹底した客観性を育てるのが最終ゴール

例えば、あなたが人前でのスピーチを頼まれたとします。ここでもし「自分の緊張はみんなにバレバレだろうから、無難なトークでやり過ごそう……」などと思えば、そこで自動的にスピーチの限界が決まり、聞き手をうならせるような内容にはならないでしょう。

しかし、普段から客観性を育むトレーニングをしておけば、「おっと、今脳内に『透明性の錯覚』が出てきたな。飲み込まれないようにしなくちゃ」といった判断がすばやくできます。その結果、あなたはバイアスの罠にハマらず、持ち前の能力を発揮した状態でスピーチに臨めるようになるのです。

もっとも、「客観性を持て」といったアドバイスはよく聞くものの、この言葉を正しく実践できている人はあまりいません。たいていは、「相手の立場で考える」や「もっと自己分析をする」などのボンヤリとしたレベルのアドバイスに落ち着き、現実のバイアス対策には活かせないままで終わってしまうケースがほとんどでしょう。

しかし、本書で紹介するトレーニングでは、ただの抽象的なアドバイスではない、徹底した客観性を育てていくことを目指します。

最終的な目標は、どんなトラブルが起きても自在に客観的な視点を起動し、常に物事を一歩引いた視点から見る能力を身につけること。これさえできれば、もはやあなたは「限界」に悩む必要もなくなるでしょう。

突破力

01 セルフモニタリング

家計簿をつけるだけで客観性が育つ理由とは?

「セルフモニタリング」とは、その名のとおり、**自分の行動・思考・感情などを自ら観察し、記録していくこと**です。認知行動療法などの世界でよく使われる手法で、昔からメンタル面の改善に大きな効果が認められてきました。

と言うと小難しそうに思えるかもしれませんが、セルフモニタリングそのものは誰もが一度はやったことがある作業です。

例えば、**もっとも代表的なのは「家計簿」**でしょう。使ったお金と入ってきたお金をノートやアプリにつける、支出入管理法です。自分の行動を記録していく点では、「家計簿」も立派なセルフモニタリングのひとつと言えます。

なんとも定番のテクニックですが、「家計簿」には、お金の出入りをつかむ以外にも大きなメリットがあるのをご存じでしょうか？

マッコーリー大学の調査によれば、**自分の支出入をつけ続けている人は、概してセルフコントロール能力が高い傾向がありました。**たんに家計簿のおかげで衝動買いをしないだけでなく、ダイエットや仕事など人生のあらゆる場面で、欲望に負けずにゴールを達成する確率が高かったというのです。

このような現象が起きたのは、**家計簿には脳の興奮をしずめる働きがあるから**です。

私達の脳は、新しいものを買うときには報酬系と呼ばれるエリアが活性化し、ドーパミンなどのホルモンを分泌。そのおかげで全身にやる気があふれ、活気に満ちたような気分に変わります。

もちろん、これはこれで人間のモチベーションを高める大事な機能なのですが、一方ではデメリットも持ち合わせています。**目の前の商品が、あたかも実際より良いものである**

かのような錯覚を生み、浪費の原因になってしまうのです。

ネットで購入ボタンをクリックした瞬間の喜びがマックスで、いざ商品が届いてみたらまったくテンションが上がらなかった……。

そんな経験を味わったことがある人は多いでしょう。これも、ムダに脳が興奮したせいで起きる現象です。

ところが、家計簿をつけると、買い物をするときに脳の理性的な機能をつかさどるエリア

家計簿をつけると客観性が育つ

今月は２万円
貯められた
これを買ったら
赤字になる

家計簿をつけると脳の興奮がしずまり、
理性的で冷静な態度を学ぶため
人生でも客観性を保てるようになる

が「あれ? こんなものに金を払ってる場合じゃなかったのでは?」と気づき、興奮しきった報酬系に対して、もっと落ち着くようにと指示を出します。

この作業をくり返すうちに、少しずつ報酬系が冷静な態度を学び、やがて人生のあらゆる場面でも客観性を保てるようになるのです。

日常のタスクで客観性のトレーニングをする

客観性のトレーニングに効くのは、家計簿だけではありません。「何らかのデータを記録し続ける」という要点さえ満たせれば、日々のタスクを書き残しても同じ効果が得られます。

例えば、次のような方法でも構いません。

・食事日記

自分が食べたものをすべて書き残していく手法です。毎日の摂取カロリーや食事の内容を簡単に把握できるため、家計簿と同じく記録を続けるほど脳の理性エリアが鍛えられ、少しずつ客観性が育っていきます。

これはダイエット効果が高い手法としても知られ、日々の食事内容を書き残すだけでも自然と体重は減りやすくなります。実際に肥満外来などでも使われるテクニックなのでおすすめです。最近は簡単に食事内容を記録できるアプリも多数開発されているので、検索してみてください。

ちなみに、食事内容を細かく書き残すのが面倒なら、「その日に食べたお菓子だけを記録」「外食をした回数を記録」といったように簡易化しても問題ありません。とにかく大事なのは長く続けることです。

・運動記録

その日に行ったエクササイズを、毎日記録に残していく方法です。その内容にこれといった決まりはなく、「1日の歩数」「ランニングの距離」「腕立て伏せの回数」「ジムに行った回数」など、自分が毎日のように行っている活動をひとつ選び、ノートやアプリに残してください。こちらもまた、脳の客観性を育む効果が確認されています。

この他にも、客観性の向上に効く日常的なタスクは無数に存在します。

・SNSをチェックした回数
・ゲームをプレイした時間
・毎日の起床時間

どんなに平凡な内容でも、とにかく書き残していくのが大事なポイント。最低でも2週間は続けて、脳の客観性を鍛えてください。

自分の感情をモニタリングして一段上の客観性を手に入れる

日常的なタスクの記録に慣れてきたら、さらに上の客観性を目指してみましょう。ここからモニタリングすべきは、「自分の感情」です。

言うまでもなく、「感情」ほど私達の行動に影響をあたえるものはありません。

「本当は運動したほうがいい」と頭ではわかっているのに、なぜか気分が乗らない。「スキマ時間に勉強をしよう」と予定を組んだのに、上司に怒られたせいでムシャクシャして何もする気が起きない……。

私達の脳内では常に理性と感情がせめぎあい、たいていは感情が勝利を収めます。人の感情は理性に瞬時に上書きするパワーを持つため、私達の客観性はいとも簡単に損なわれてしまうからです。限界とうまくつき合ううえでは、もっともやっかいな存在と言えるでしょう。

そこで、この問題を防ぐために役立つのが「一日再構成法」と呼ばれるモニタリング技法です。心理学の実験などで実際に使われている検査法を日常生活に応用したもので、**客観性の向上はもちろんのこと、幸福感が上がったり、感情のコントロールがうまくなったりと、様々なメリットが確認**されています。

一日再構成法を行うときは、記録紙を使ってください。寝る前などの時間を使い、その日にあったポジティブなことを、以下のポイントに従って書き込みます。

❶**開始時刻・終了時刻**…自分の心が動くイベントが起きた時間と終わった時間を記入します。
❷**何をやっていたか？**…そのイベントの内容を端的に書き込んでください。
❸**誰とやっていたか？**…そのイベントが起きた際に一緒にいた人を記録します。
❹**快楽**…どれぐらい楽しかったか？　気分が良かったか？　を10点満点で採点しましょう。
❺**やりがい**…そのイベントでどれぐらいの達成感を得られたか？　満足な気持ちを味わうことができたかを、こちらも10点満点で採点します。

このテクニックで大事なのは、第一に**「幸福感」の記録に的を絞ったところ**です。ネガティブな感情を記録しても客観性は鍛えられますが、それでは人生のマイナスの側面ばかりが目に入り、せっかくのモニタリングを進める気力がなえてしまうでしょう。うまく客観性を養うには、まずはポジティブな感情の記録から始めるのが得策です。

さらにもうひとつ、**ポジティブな感情の内容を、「快楽」と「達成感」の2種類に分けたのも重要なポイント**です。例えば、次のような状況を考えてみましょう。

□テレビを見るのは快楽が大きいが、達成感は少ない
□難しい専門書を読むのは快楽は少ないが、達成感は大きい
□ネットサーフィンは手軽な快楽を得られるが、達成感は少ない
□サッカーの試合に勝つのは快楽も大きいし、達成感も大きい

このように、人間の幸福は大きく快楽と達成感の2つの感情で構成されますが、私達は意外とその違いを意識してはいません。

快楽だけの人生は虚しいばかりですし、達成感しかない人生も窮屈なものでしょう。

2つの感情の量を最大レベルにそろえたほうが人生の幸福の総量が上がるのは間違いなく、そのためには、まず自分がどのような行為に快楽と達成感を感じやすいかを把握するのが第一歩になります。

実際、多くの実験によれば、**「一日再構成法」を3〜4週間ぐらい続けた被験者は、自分の心理を客観的に把握する能力が向上した**そうです。いったんこの能力が身につけば、

あいまいな感情に飲み込まれずに、正しい行動を選び取りやすくなるでしょう。

ちなみに、一日再構成法が面倒なときは、手始めに毎日のタスクとポジティブな感情のつながりをメモするところからスタートしても構いません。

・同僚と前向きな会話ができて楽しくなった
・経費精算をやり遂げていい気分になった
・うまくアポイントメントを取ることができ嬉しかった

日々の出来事により、自分の感情がどのように揺れ動いたのかを、1イベントごとにひとつのメモにまとめればOK。3週間も続ければ自分の感情パターンが見え始め、毎日のイベントを客観的に見る姿勢が育ちます。

自分のセルフモニタリング能力をチェックしよう！

観察と記録の手法を学んだところで、最後に自分の「セルフモニタリング能力」を調べてみましょう。紹介するのは「S-M尺度」と呼ばれる心理テストで、あなたが自分の行動を客観的につかむのが得意かどうかを判断します。

このテストで高い点が出た人は、例えば初対面の人が多いパーティでも「どのようなタイプの人間が多いか？」を瞬時に読み取り、そこに合わせて自分の行動をコントロールするのが大の得意。自らの行動を常に客観的に観察し、苦もなくその場に適した会話や振る舞いをします。いわば、空気を読むのが得意なタイプです。

逆に「S-M尺度」の数字が低い人は、状況に応じて自分の行動を変えるのがとても苦手です。良く言えば自分を貫くタイプですが、他方ではTPOに合わない服装をしたり、流れを読まない会話で場をシラけさせたりと、周囲からうとまれてしまうケースも少なくありません。

それではテストしてみましょう。13の質問に、次の要領で点数をつけてください。

自分の客観性を判断するための13問

・まったく当てはまらない …1点
・あまり当てはまらない ……2点
・やや当てはまる …………3点
・かなり当てはまる ………4点

1 話をしているときには、相手の表情のわずかな変化にも敏感になる
2 目を見れば、その人の本当の気持ちを正確に読み取ることができる
3 誰かが自分に嘘をついても、表情やしぐさですぐに嘘だと見抜くことができる
4 目を見れば、自分が相手に何か不都合なことを言ったかどうかわかる
5 相手が冗談を聞いて笑っても、内心ではその冗談を下品であると思っているかどうかを見抜

くことができる

6 私の直観力は、相手の気持ちや行いの原因を知ることができる

7 相手や状況に応じて自分の行動を変えるのが得意である

8 その場面でどのように振る舞えばよいかわかるので、それに応じて自分の行動をたやすく変えることができる

9 自分が今いる場面で必要とされていることに応じて、自分の行動を変えることができる

10 物事が自分の思い通りにうまくいかないときには、すぐに他のやり方に切り換えることができる

11 自分のためになるとわかっていれば、体裁をとりつくろうのは得意だ

12 周りの人が望んでいることに応じて、自分の行動を変えることができる

13 自分は相手にどのような印象でも与えることができる

回答が終わったら、すべての点数を合計します。結果が32・5ポイントなら平均で、これよりも合計点が低ければセルフモニタリング能力は低め、平均より高ければ能力は高い

と考えられます。

ちなみに「S-M尺度」では、質問1～6が「他人の心を読む能力」を指し、質問7～13は「自分を観察する能力」の高さを意味しています。バイアスの解除力を判断したいときは、質問7～13の数値により、注目するといいでしょう。

このテストは、3カ月に1回のペースでくり返すのがおすすめです。セルフモニタリングのトレーニングを重ねつつ定期的に点数の変化をチェックし、セルフモニタリング能力が上がったかどうか確認してみてください。

POINT

自分の行動・思考・感情を観察し記録する「セルフモニタリング」で脳の理性エリアが鍛えられ、客観性が育つ。

突破力

02 クリティカル・シンキング

批判的な思考で人生は成功しやすくなる

客観性アップに役立つ2つめのトレーニングは、「クリティカル・シンキング」です。直訳すれば「批判的思考」となり、**何らかの問題やトラブルに対して、バイアスにとらわれない最適な判断を目指す分析法**です。

「コイン投げで裏が続いたから次は表が出るはずだ」「B型だから大ざっぱな性格だろう」「見た目がいい人は性格も良いに違いない」……。

このように世の中には不合理な判断があふれていますが、こうした思考を客観的に判断し、よりクリアに正しく考えていくのが「クリティカル・シンキング」です。

このテクニックの使い手として有名なのは、なんといっても古代ギリシアの賢人ソクラテスでしょう。プラトンの記録によれば、**ソクラテスは人生の問題を解くために次の点をことのほか重視**しました。

- 常にエビデンスを通して現実を見る
- 問題の前提を論理的に疑う
- 感情にもとづいて推測をしない
- ハッキリした答えが出ない状況を我慢する

いずれも客観的な判断には欠かせないポイントばかりです。**ソクラテスが生んだ思考法は1930年代からアメリカの教育界で見直され、現代では心理学の分野でも「バイアスから逃れて物事を正しく見る技術」として広く使われています**。自己の「本当の限界」と「ニセの限界」を見極めるためには必須の技術と言えます。

事実、近年「クリティカル・シンキング」が、人生の成功に欠かせないスキルであることがわかってきました。

2018年、カリフォルニア州立大学が224人の学生を集め、まずは「クリティカル・シンキング」と「IQ」の高さを測るテストを実施、さらには全員に「今までの人生でどのようなトラブルがありましたか?」と尋ねたうえで、すべてのデータをまとめて分析しました。

その結果わかったのは、**クリティカル・シンキングに長けた学生ほど、人生のトラブルにあいにくくなるという事実**です。具体的には、病気の発症率が低く、警察の世話になるケースもなく、借金に悩むことはまれで、友人とのケンカも極端に少ない傾向がありました。

一方で、IQの高さは人生のトラブル解決には結びつかず、いくら頭が良くても金銭や対人トラブルは普通に起きてしまうとのこと。**大きなトラブルにあわずにスムーズな人生を送るには、IQの高さよりも、物事を批判的にとらえる思考法のほうが大事**なようです。

これは考えてみれば当然の話で、IQの高さとは、あくまで頭脳の基本的なスペックを示した数値にすぎません。いかにベースの性能が高かろうが、それを使いこなす技術がなければ宝の持ちぐされでしょう。最新のエンジンを積んだ車でも、良いドライバーがいなければうまく運転できないのと同じです。

「クリティカル・シンキング」はトレーニングで伸ばせる！

クリティカル・シンキングがすばらしいのは、**後天的にトレーニングでも能力を伸ばせる**ところです。

脳の基本的な能力を表すＩＱとは異なり、あくまでクリティカル・シンキングは思考〝法〟の一種。ちょっとした思考のコツや細かいスキルの組み合わせで構成されたテクニックの総称なので、いくつかの注意点を押さえておけば、十分に後から鍛えることが可能なのです。

実は、本書をここまで読み進めただけでも、あなたの中には、すでにクリティカル・シンキングの芽が育ち始めています。第３章で取り上げたようなたくさんのバイアスの存在を知るだけでも、物事を合理的に判断する能力は上がっていくからです。

これはトロント大学の研究が明らかにした事実で、研究チームは約５００人の男女を集めて、まずは全員のＩＱを検査。そのうえで、以下の質問に答えるように指示しました。

「リンダは31歳の女性です。独身でとても頭が良く、はっきりとものを言います。大学では哲学を専攻し、人種差別や社会正義の問題に関心を持ち、反核デモにも参加した経験を持っています」。リンダの現在の職業は、次のどちらの方が正しいと思いますか？

1　銀行員
2　銀行員で、女性解放運動もしている

当然、合理的な答えは①の「銀行員」です。いかにリンダが正義感の強い人物だったとしても、「女性解放運動」のように余計な情報がないほうが正解に近づくのは言うまでもありません。

ところが現実の実験では、およそ80％が②を選びました。ＩＱが高い被験者でも正答率は変わらず、「人種差別」や「社会正義」といったワードに感覚的な判断を下してしまったそうです。

つまり、**どんなに頭が良い人だろうが、バイアスから逃れることはできません。単にIQが高いだけでは、自身の思い込みに打ち勝つのは不可能なのです。**

しかし、ここで研究チームは、実験にひとひねりしました。合理的な判断に失敗した被験者達に対して、「人間とは不合理なバイアスに取りつかれた生き物である」という事実を解説した動画を見せたのです。

動画は30分程度の短い内容で、第3章でも取り上げた「現状維持バイアス」や「単純緊急性効果」といった定番の偏見や思い込みの存在をまとめたもの。難しい話題には踏み込まず、あくまで基本的なバイアスの仕組みだけを簡単に紹介しています。

そして2ヵ月後、再びすべての被験者に先ほどのテストを行ったところ、劇的な効果が現れました。IQの高さとは関係なく、動画を見た者はすべてクリティカル・シンキングの能力が上がっていたのです。

ほんの30分の学習でも大きな効果が得られるのだから、やらない理由はないでしょう。

ぜひ本書の第2章と第3章を何度か読み返し、「自分はどのような思い込みをしやすいか？」を考えてみてください。

また、本書とは別にバイアスの問題をあつかった書籍に触れるのもおすすめです。具体的には、以下の書籍が役に立つでしょう。

・ダニエル・カーネマン『ファスト&スロー　あなたの意思はどのように決まるか？（上・下）』（早川書房）
・ダン・アリエリー『予想どおりに不合理　行動経済学が明かす「あなたがそれを選ぶわけ」』（早川書房）
・ダニエル・ギルバート『明日の幸せを科学する』（早川書房）

どの本でも、私達がハマりやすいバイアスの罠をわかりやすく学ぶことができます。試しに一冊を読み通すだけでも、あなたはバイアスにダマされにくくなるはずです。

1秒で客観性を起動する「クリティカル・クエッション」

クリティカル・シンキングを鍛える方法は無数にありますが、もっとも手軽なのが「質問集」でしょう。何か困ったことが起きたら「この問題の要点は？」や「別の人の視点から考えたらどうなる？」といった自問自答をくり返し、あせったまま判断しないように自分を誘導するテクニックです。

先にも述べたとおり、私達の瞬間的な判断はバイアスに飲み込まれがちで、合理的な能力が起動するスキを与えません。この問題に立ち向かうために、あらかじめどんな場面でも対応できそうな「クリティカル・クエッション」を用意しておくわけです。

かのソクラテスも「質問の仕方」をことのほか重視しており、彼が使った自問自答のテクニックは、今も教育学などの分野で盛んに使われているほど。まさにクリティカル・シンキングの基本中の基本と言えます。

それではまず最初に、「クリティカル・クエッションのビッグ6」を押さえておきましょう。これは、人生のあらゆる場面で役立つオールマイティな質問のみをピックアップし、6つにまで絞り込んだもの。ビジネス、勉強、恋愛、お金など、どんなジャンルの問題にも適用できる幅の広さが魅力です。

何かトラブルが起きたら、あわてず騒がず次の6問を自分に投げかけてみましょう。1秒であなたの中に客観性が生まれ、より的確な判断ができるようになります。

クリティカル・クエッションのビッグ6

❶今自分の身に何が起きているか？

…どんな問題でも、解決にはまず状況把握が欠かせません。この質問で基本的な情報を集めつつ、今の状況をあらためて確認してください。

❷なぜこの問題は重要なのか？

…問題に対して、何が重要で何が重要でないのかを明確にさせましょう。

❸見えていないものは何か？

…何か見逃している大事な情報や物事はないか？　もっと他の見方はないのか？を考えてみます。

❹今の結論へどのようにたどり着いたか？

…今自分が考えている結論、または大事だと思える情報へ行き着いた流れをあらためて考えてみます。

❺誰が言ったことなのか？

…目の前の問題に他人が関わっているときに使う質問です。そもそも、その相手は誰なのか？　その人物は現在の状況にどう関係があるのか？　その人物の立場は結論に影響を与えていないか？　などを明確にしましょう。

❻他に考えるべきことはないか？

…最後に、目の前の問題について考え残していることはないかをハッキリさせま

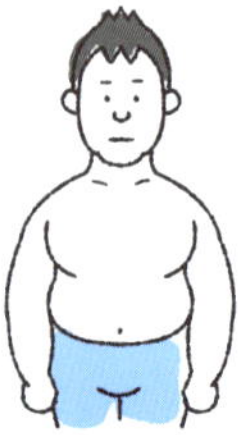

クリティカル・クエッションのビック6で「ダイエットをしなければならない」を考察

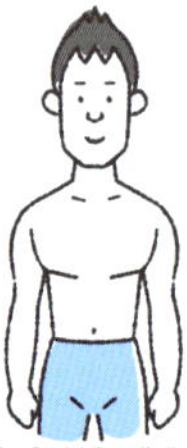

❶ 今の自分の身に何が起きているか？	・ダイエットする必要がある ・5kg 太った ・カロリー制限と運動が必要か
❷ なぜこの問題は重要なのか？	・腹が出てきた ・健康診断はヤバかった ・見た目よくなりたい
❸ 見えていないものは何か？	・脂肪を落とすばかりで筋肉がなければ見た目はよくならないか
❹ 今の結論へどのようにたどり着いたか？	・痩せるためにはカロリー制限と運動ってのが普通だと思っていたけど、ちゃんと考えてなかったな。
❺ 誰が言ったことなのか？	・明確なソースがある訳じゃないから、もうちょっと調べてみるか…。
❻ 他に考えるべきことはないか？	・ダイエットのためには、睡眠の質も大事だって聞いたな？ 本当かどうかもうちょっと調べてみないと。

す。もしも考え残しが見つかったら、さらに「このことについて思案すると、どのような良いことがあるのか？」と自分に質問してみてください。

一例として「ダイエットをしなければならない」という問題に対して、「クリティカル・クエッション」を使ってみましょう。

最初のうちはあいまいな知識でダイエットを始めようとしていたのが、質問を重ねたおかげで問題点が明確になりました。

もちろん、これで必ずしも目標を達成できるわけではありませんが、「なんとなく」の状態のまま取り組むよりは確実に効率は良くなるはず。どんな小さなトラブルでも、まずはこの「ビッグ6」で問題を深掘りしてみてください。

POINT

問題やトラブルに対して「批判的思考」で分析することでバイアスにとらわれない最適な判断に近づける。

突破力

03 知的謙遜《けんそん》

■「自分には知識が足りない」という態度が成長を生む

一段上の客観性を手に入れる最後のトレーニングは、「知的謙遜」です。
耳慣れない言葉かもしれませんが、実は近年では、Googleの人事が新入社員の能力を測るための基準に使うほど注目度の高い考え方です。同社で人事のトップを務めたラズロ・ボック氏は、自著でこうコメントしています。

「(Googleの採用で重要視するのは)謙遜心と責任感だ。謙遜とは他人の良いアイデアを受け入れられる状態を指すだけでなく、『知的謙遜』でなければならない。この態度が

なければ、人間は学ぶことができなくなってしまうからだ」。

かくもGoogleが重視する「知的謙遜」とは、いったいどのようなアイデアなのでしょうか？　多くの心理研究では、知的謙遜を大きく2つの視点からとらえます。

1　自己の知識の限界を理解していること
2　世の中の不確実性に耐えられること

つまり、**知的謙遜とは「自分が何を知っていて何を知らないのか？」をしっかりと把握できたうえで、「自分には知識が足りない」というネガティブな事実を心から受け入れられる状態**のことです。

当たり前ですが、「知識が足りない」と自覚していれば、新しい経験にもオープンになれますし、自ら情報を探して学び続けようとするでしょう。その結果、慢心した人よりも成長スピードは速くなるはずです。

知的謙遜の重要性はいくつもの実験で確かめられており、例えば2017年には、デューク大学が被験者にインタビューをくり返して全員の知的謙遜レベルをチェック。そのうえで「デンタルフロスは本当に歯の健康に良いのか？」とのテーマで書かれたエッセイを読んでもらい、内容の正しさを判断するように指示したそうです。

その結果は明らかで、**自分の知識にうぬぼれていた人ほどエッセイの内容をうまく読み解けなかったのに対し、知的謙遜度が高いグループは、しっかりとエビデンスにもとづいた判断ができていました。**

この他にも、知的謙遜度が高い人ほど好奇心があり、他人の性格を見た目だけで判断せず、自分とは意見が異なる相手にも寛容な傾向が確認されています。自分の限界を知っているぶんだけ「別の可能性もあるのでは？」といった気持ちが生まれやすく、そのぶんだけバイアスにまどわされずに事実にもとづいた判断を下せたようです。

この意味で、**ソクラテスが残した「唯一の真の英知とは、自分が無知であることを知ることにある」という言葉はまぎれもない真実。バイアスの罠にハマらずに自己の限界を知るには、知的謙遜が必須**なのです。

無知な人ほど自分は物知りだと思い込む

私が知的謙遜の話をすると、必ずこんな反応を返す人がいます。

「自分に足りていない知識なんてよくわかってるけどなぁ」。

しかし、これはまさにバイアスの罠にハマった状態の典型的な例。このタイプにありがちなのが、口では謙遜しながらも、自分の専門分野には自信満々なパターンです。

例えば、長い間会社を経営してきた人が「自分は知識が足りていない」と口にしたとしましょう。一見すれば謙虚のようですが、この言葉はたんに「もっと歴史の勉強をしないと」や「英語力が足りていない」といった周辺情報の不足について述べただけのケースが多く、「実は自分には経営の知識がまだ満足にないのではないか？」とまで思える人は少数派です。**自分の得意なジャンルにこそ疑いの目を向けることができなければ、知的謙遜とは言えません。**


これもまた定番のバイアスで、専門的には**「ダニング＝クルーガー効果」**と呼ばれます。**自分についての満足な知識を持たないためにいつまでも間違いに気づけず、逆に自信を深めてしまう現象**のことです。

ネットのフェイクニュースを信じ込んで有名人を攻撃したり、ホメオパシーのように根拠のない医療を他人に勧めたり、アップデートされていない経営手法を疑いなく使い続けたり……。

ダニング＝クルーガー効果のパワーはとても強く、無知な人ほど自信に満ちた態度をとるようになります。事実、コロラド大学が「遺伝子組み換え作物」に反対する人達を対象に行った調査でも、**客観的な知識が少ない人ほど「自分は他人よりも物知りだ」と思い込みやすく、正しい情報を探そうとしない傾向が確認された**そうです。いったんこのバイアスにハマれば、もはやそれ以上の進歩は望めず、「ニセの限界」の枠から抜け出せません。

それでは、ダニング＝クルーガー効果の罠を脱して、知的謙遜を身につけるにはどうすればいいのでしょう？

知的謙遜を鍛える3つのテクニック

現在までの研究によれば、知的謙遜を育てる方法は大きく3つあります。詳しく見ていきましょう。

知的謙遜トレーニング 1

ティーチング

「ティーチング」は、その名のとおり自分の知識を他人に教えてみる手法です。あなたが「もっとも得意だ」と思う分野を選び、友人でも肉親でも誰でもいいので、わかりやすく説明してみてください。

例えば、あなたの得意分野が「英語」であれば、友人に向かって「過去完了が現在完了と違うのは過去のどこか1点を表す副詞といっしょに使うことができて……」のように、あらためて基本的な事柄を説明していきます。

同じように、経営が得意なら「流通チャネル構築の6つのプロセスとは……」でもいいですし、ファイナンスが専門なら「そもそも損益計算書とは……」のようになるでしょう。いずれにせよ、普段はあまり考えないだろう基本について、あらためて他人に解説してみるのがポイントです。

実際に試すとわかりますが、よほど言い慣れたことでもない限り、どこかで必ず説明によどみが出ます。頭では理解していたつもりの内容がうまく言葉にできず、思わず口ごもってしまうのは、どんな専門家であっても普通のことです。

しかし、この瞬間こそが、実は知的謙遜を育てる大きなチャンス。**うまく説明できなかった瞬間に意識を向け、その事実を受け入れるよう努力しましょう。**ほどなくあなたの中には「自分の知識はまだまだなのだ」との自覚が芽生え、知的謙遜へとつながっていくはずです。

ティーチングの効果は実験でも確認されており、ブラウン大学が行った研究によれば、「税金の不平等」や「人種差別」といった社会的なテーマを**他人に解説した被験者は総じて尊大な態度が減り、意見が違う人にも寛大な態度を見せるようになった**といいます。他人へ解説したおかげで「私は社会問題について何も知らない」という認識が生まれたからです。

もし話す相手が見つからなくても、頭の中に浮かべた架空の人物に向けて解説をしても構いません。とにかく**大事なのは、自分の知識の不備に気づくこと**です。この点さえ満たせば、イメージの中の相手でも同じような効果は得られます。

知的謙遜トレーニング 2

イフ思考

次に知的謙遜の向上に使えるのが「イフ思考」です。ウォータールー大学が効果を実証したテクニックで、**「自分のトラブルを他人事のように考える」**のがポイントになります。

同大学が行った実験では、学生の被験者に「最近身の周りで起きたトラブルを思い出してください」と指示したうえで、全体を2つのグループに分けました。

1　自分のトラブルへの解決策を考える
2　自分のトラブルが「親しい友達に起きたこと」だとして解決策を考える

学生が対策を考えたトラブルは、友達とのケンカ、隣人とのいさかい、テストの不安、金銭問題など様々でした。このような日常の問題に対して、「もし（イフ）友達の身に起きたトラブルだったら？」と考えさせて、どのような差異が起きるのかを確かめたわけです。

その違いは劇的なものでした。学生達が考えた解決策を第三者に伝え、どのアイデアが良いかを採点させたところ、**自分の問題を友達のトラブルだと想定したグループの解決策は、実に2倍近くも得点が高かった**のです。

一般的に、人は誰しも自分自身に起きたトラブルには目が曇りやすくなります。第3章でお伝えしたような数々のバイアスが自動的に起動し、正常な判断をゆがめてしまうからです。

ところが、ここで「親しい友達に起きたことだったら？」と考えてみれば、良い意味でトラブルが「他人事」に変わります。

自分の悩み事は解決できないのに、他人へのアドバイスは妙にうまくいったというような体験はありませんか？　これと同じように、**解決策を考えるときに「イフ思考」を挟むだけでも脳は客観性をとり戻し、冷静な判断をしやすくな**るのです。

また、「イフ思考」の対象は友達でなくとも構いません。「尊敬する人物やキャラクターだったらどう考えるだろう？」と考えてみるのも良い方法です。

・高校時代の先輩だったらどう行動するか？
・マザー・テレサだったらどう判断するだろう？
・『SLAM DUNK（スラムダンク）』の安西先生だったら？

実在の人物でも歴史上の偉人でも、はたまた架空のキャラクターでも、あなたの行動の指針になるような存在であれば、誰でもＯＫ。日常のあらゆる問題に使える便利なテクニックです。

イフ思考で冷静な判断をしやすくなる

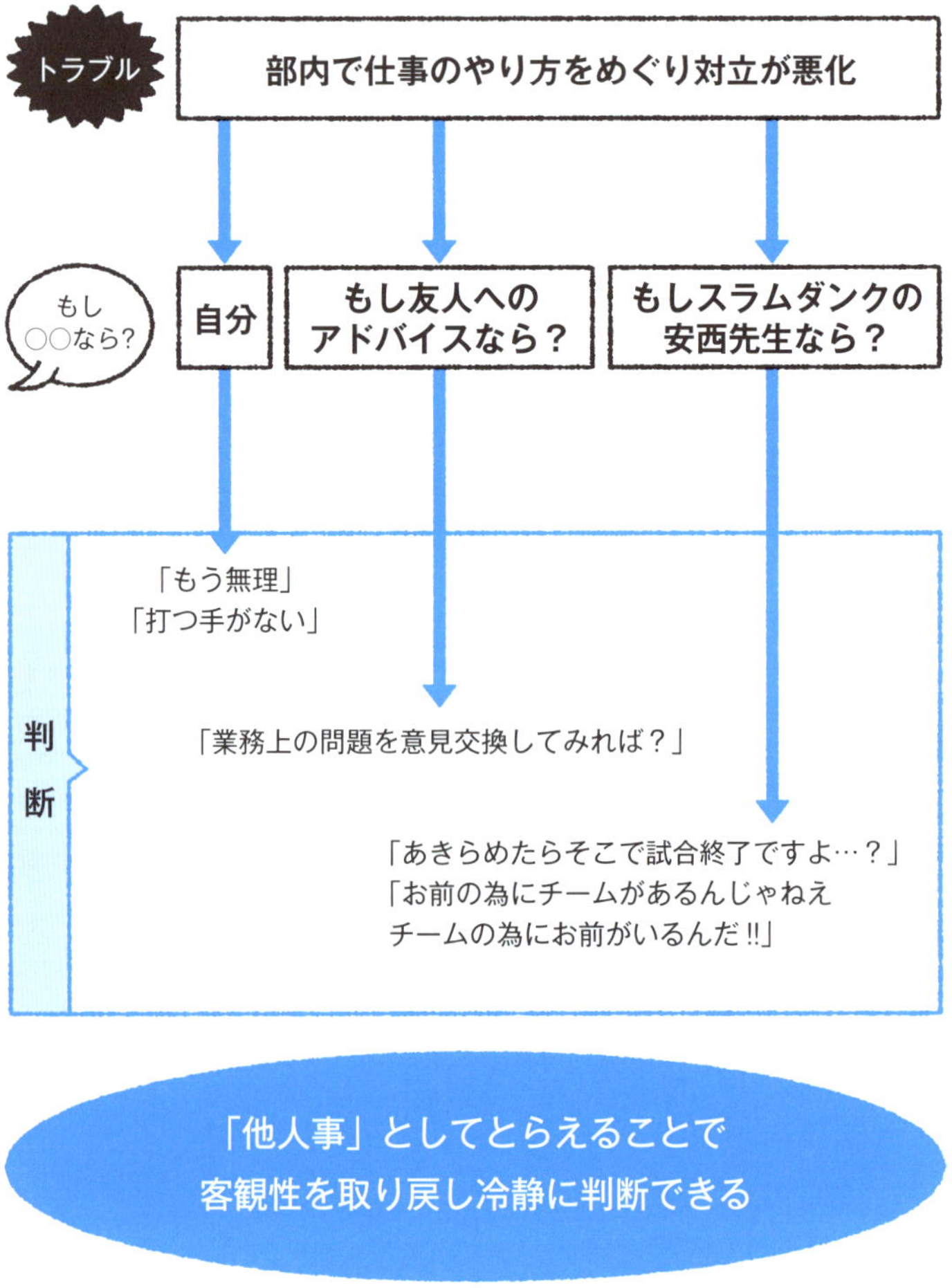

知的謙遜トレーニング 3

フレンドシンキング

「フレンドシンキング」もシンプルな手法で、簡単に言えば**「できるだけ周囲に友人がいる状況で物事を判断する」**というものです。ほとんどの人は、一人で行動するよりも、周囲に人がいるだけで賢明な行動を取りやすくなります。

もともと人間は、仲間の影響を強く受けやすい生き物です。人類が進化してきた先史時代の厳しい環境を生き抜くためには、家族や友人との共同作業が欠かせず、結果として人の脳は、集団の中でこそうまく働くように適応してきました。

そのため**私達の脳には、常に他人の目をモニタリングしつつ、独りよがりな考え方に陥らないように動こうとする心理的なシステムが備わっています**。

もちろん人目を気にし過ぎるのは問題ですが、他人の視線が気になってポイ捨てを止めたり、仲間に追いつこうとして普段より勉強に身が入ったりと、世間の目が良い行動を生み出すのは普通のことでしょう。このメカニズムを、知的謙遜の向上に使おうというわけです。

といっても、「フレンドシンキング」を実践する際には、細かいことを考える必要はありません。周りの友人と会話する必要すらなく、仲間と一緒のときに、心の中で目の前の問題について考えてみてください。

それだけでも、あなたの脳はいつもより客観的な態度を取り戻すはず。**もし困ったことがあっても一人だけで考え込まず、まずは周囲に仲間がいる場所に身を置いてみてください。**

知的謙遜レベルを判断するための16問

「知的謙遜」の考え方を理解したら、最後はあなたがどれだけ自分の限界を理解しているかをチェックしてみましょう。取り上げるのは「知的謙遜スケール」と呼ばれるテストで、ジョージア州立大学などが心理実験に使っています。

次の16問を読んで、以下の要領で点数をつけてください。問題文を読んで、パッと思いついた点数で構いません。

知的謙遜スケール

【1〜9問】
・完全に当てはまる……………1点
・やや当てはまる……………2点
・どちらとも言えない…………3点
・あまり当てはまらない………4点
・まったく当てはまらない……5点

【10〜16問】
・完全に当てはまる……………5点
・やや当てはまる……………4点
・どちらとも言えない…………3点
・あまり当てはまらない………2点
・まったく当てはまらない……1点

1　自分で考えたことを実行していない人を見ると、怒りがわき上がる
2　人間関係を維持するよりも、議論に勝つことを重視する
3　議論をしたときは、必ず最後にとどめの言葉を放つようにしている
4　自分の意見が他人から支持されないと、身を守ろうとむきになる
5　自分のアドバイスが受け入れられないと怒りがわき上がる

6 他人の信念に対して寛容な態度が取れない
7 すべてを知っているかのような態度を取りがちだ
8 他人のミスを指摘することがよくある
9 意見が違う人をからかうことがよくある
10 違う視点を探そうとすることが多い
11 他人に視点を共有するように促すことが多い
12 様々な視点を知るのが楽しい
13 競合する考え方を受け入れることができる
14 意見が異なる話題をとりなすのがうまい
15 他人の意見の限界について考えるのがうまい
16 他人のアイデアには常にオープンだ

すべての問いに点数をつけ終わったら、以下の要領で数字を合計します。

・1〜9問までは、「まったく当てはまらない＝5点、完全に当てはまる＝1点」として、そのまま点数を足し合わせる
・10〜16問は、「まったく当てはまらない＝1点、完全に当てはまる＝5点」のように、点数を逆にして足し合わせる

合計点による判断は、以下のようになります。

・52点前後＝平均値です。ごく一般的な知的謙遜レベルなので、トレーニングを重ねて上を目指してみましょう。
・77点以上＝全体の上位3％に入る知的謙遜レベルの持ち主です。おごらず精進を続けてください。
・35点以下＝知的謙遜レベルは全体の下位10％です。ティーチングやイフ思考、フレンドシンキングを実践して、自己の限界を意識するよう心がけましょう。

もっとも、これらの数字はあくまで参考値にすぎません。平均よりも上か下かで一喜一

憂するのではなく、定期的に「知的謙遜スケール」でチェックを行い「過去の自分と比べて点数が上がったか？」を判断する材料として使ってください。

POINT

物事を一歩引いた視線で見る能力（客観性）を鍛えておけば、バイアスが起動しそうになっても軌道修正が可能になる。

CHAPTER

5

限界を突破して
チャンスをつかむ！
10週間プログラム

本章まで読み進めてきたあなたは、すでにバイアスの罠からある程度自由になっています。第3章で説明したとおり、「人間の頭にはこんな思考のクセがあるのだ」と知っただけでも、バイアスの影響力は大きく減るからです。

今のあなたは、本書を手に取る前よりも「本当の限界」を正しく見極め、「ニセの限界」には足をすくわれにくくなっていることでしょう。

とはいえ、そこは一筋縄でいかないのがバイアスの難しさでもあります。

そもそもバイアスとは、人間が進化のプロセスで脳にインストールしてきた強固なプログラムです。少しでも監視をおこたれば気づかぬうちに思考のクセは再起動し、あなたの意思決定をゆがめ始めます。もぐら叩きゲームよろしく、私達は常に自己のバイアスと戦い続けねばならないのです。

といっても、第3章でお伝えしたバイアスの解除法は幅が広すぎるため、ある程度のトレーニングを積まないと使いこなすのは難しいかもしれません。そこでこの最終章では、バイアスを突破するための手軽なトレーニング法をお伝えします。

思考のクセから自由になるためのテクニックは様々ですが、その中から取り組みやすい

ものを10個厳選。そのうえで、

ポイント1　ムダな後悔とミスを減らすためのトレーニング

ポイント2　一歩を踏み出してチャンスをつかむためのトレーニング

という2種類に大別しました。まずはすべてのテクニックをざっと読んだうえで「これなら簡単に取り組めそうだな」と思えるものを8つ選び、その手法を1週間にひとつずつ毎日の生活で使ってみましょう。つまり、最低でも8週間はトレーニングを行うことになります。

明確な基準はありませんが、**多くの心理系トレーニングでは、8週間ほどで効果が出るケースがよく見られます。まずはこの日数を目安に練習を続け、自分の判断にどのような変化が出たかを確かめてください。**

もちろん、物足りなければ10個すべてのトレーニングをやっても構いませんし、ひとつのテクニックだけを重点的に極めるのも問題ありません。気軽な気持ちで取り組んでみましょう！

01 ムダな後悔とミスを減らすためのトレーニング

「信頼した相手に裏切られてしまった」「一時の感情で友人に怒鳴り散らしてしまった」「会いたい人に会っておかなかった」「体に悪いと知りながらタバコを止めなかった」……。

人生は後悔とミスの連続で、すべてをゼロにすることはできませんが、バイアスが原因で起きる「ムダな」ミスと後悔なら減らすことはできます。

まず最初に、無意味な過ちを避けるのに役立つテクニックを紹介しましょう。いらぬトラブルから身を守るために、ぜひ役立ててください。

1週目 パッと浮かんだ方法に飛びつかない

確率思考

「確率思考」とは、目の前の問題について「○○でない確率はどれぐらいだろう？」「○○である確率はどれぐらいだろう？」と考えてみるテクニックです。

例えば、どのダイエット法がいいか悩んでいる人がいたとしましょう。カロリー制限、糖質制限、低脂肪食など様々なダイエット法が候補として考えられますが、ここでたいていの人は、テレビやネットで話題になったばかりのテクニックを選ぶ傾向があります。「このダイエット法が効く証拠はあるのか？」「他のテクニックと比べて優れているのか？」などの大事なポイントを確かめず、パッと一番に頭の中に浮かんだ情報を採用してしまうのです。

これは、「利用バイアス」と呼ばれる心理現象のひとつです。**人間の脳はラクをしたがる性質を持つため、頭の中に真っ先に浮かんだものに惹かれやすく、たいした根拠がなくても「正しいに違いない」と思い込んでしまいます。**

このバイアスは様々な場面で見られ、ある実験では、被験者に「殺人と胃がんを比べた場合、あなたはどちらで死ぬと思いますか？」と尋ねたところ、実際はがんの死亡率のほうが5倍も高いにも拘らず、大多数は「殺人」と答えました。その理由は簡単で、胃がんよりも殺人の方がメディアで報じられやすいからです。

しかも、頭に最初に浮かんだ情報であれば、そのソースはなんでも構いません。テレビやネットで「糖質制限が良い」と聞いたばかりならその情報を採用しますし、身のまわりにエクササイズで痩せた友人がいればそちらを使うかもしれません。**1番初めに思いついた情報は、それだけで私達の意思決定に多大な影響をおよぼします。**

そこで役立つのが、この「確率思考」です。再びダイエットの例で考えてみましょう。もし最初に「エクササイズで痩せよう！」と思ったら、すぐに飛びつかずに、いったん次のように考えてみます。

・エクササイズで痩せられない確率はどれぐらいだろう？

ここで、本当に正しい確率がわからなくても問題はありません。

頭に質問を浮かべてみた時点で、あなたの中には「そう言えば、毎日ランニングをしても痩せない知人がいたな……」や「もう少し運動の消費カロリーを調べてみようかな……」などの気持ちがわくはずです。この気持ちが情報を客観的に見つめる視点を生み、実際に難しい専門書を読んだり検証データを使わずともバイアスから逃れやすくしてくれます。

確率思考の効果は多くのテストで認められており、例えば先にあげた「殺人と胃がん」の研究では、被験者に「殺人で死んでいない人の割合は？」と考えさせただけでもバイアスの罠を逃れて正しい判断が可能になりました。重要なのは、頭に浮かんだ情報にすぐ飛びつかず、いったん現実的な数値に目を向けるクセをつけることです。

確率思考でダイエット法を選ぶ

カロリー制限　糖質制限　低脂肪食　エクササイズ

↓

最初に考えたもの：エクササイズで痩せよう

↓

確率を考える：エクササイズで痩せられない確率はどれくらいだろう？

↓

情報を客観的に見つめる：毎日ランニングしても痩せない知人がいたな？

↓

もう少し運動の
消費カロリーを
調べてみようかな

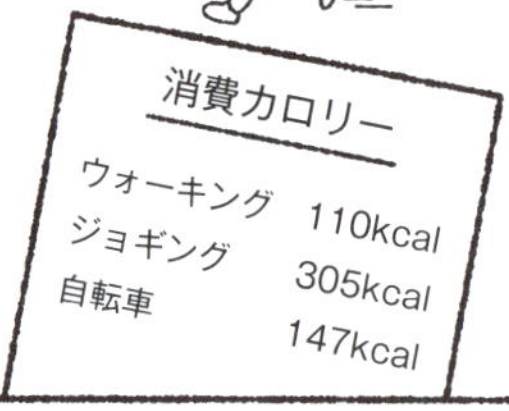

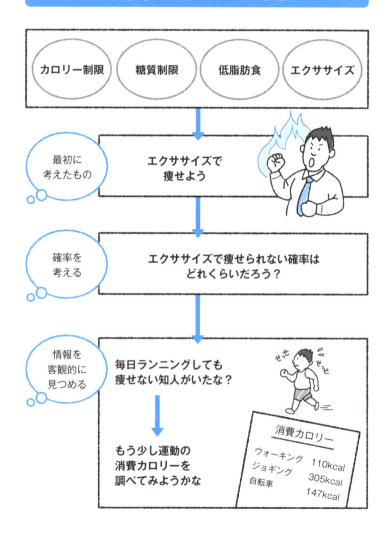

2週目

トラブルの解決策を別の立場で考える

↓セルフ・アザー法

「セルフ・アザー法」は、心理学者のイゴール・グロスマン博士などが提唱するバイアス解除テクニックです。グロスマン博士は、学生の被験者を集めて2パターンの場面を想像するように指示しました。

1　自分に起きた対人トラブルの解決策を普通に考える

2　自分に起きた対人トラブルの解決策を、「誰か別の人が考えてくれている」と想像してみる

例えば、被験者の一人が「親しい友達とケンカをしてしまった」というトラブルを想像

したとしましょう。

このとき、1番目のグループは「友達と仲直りするためにプレゼントでもあげてみようか？」などと第一人称の視点から考えました。対して2番目のグループは、誰かが自分に声をかけてきたようなイメージを浮かべ、「○○さん（自分の名前）は、その友達をイベントに誘ってみたら？」のようなアドバイスをしてきたところを想像したわけです。

その後、全員に「トラブルに対してどのような解決策を思いついたか？」を尋ねたところ、結果は**「別の人からの目線」で考えたグループの大勝利でした。「自分の目線」で考えたときよりも冷静な判断が増え、いろいろな立場をまとめた解決策を思いつく確率が圧倒的に高かった**のです。

「セルフ・アザー法」の効果が高いのは、223ページで紹介した「イフ思考」と同じように、「客観性」の能力を簡単に起動できるからです。**「このトラブルを、何の関係もない人が見たらどう思う？」と考えた瞬間から自分への意識が薄れ、バイアスからも遠ざかることができます**。

グロスマン博士によれば、「自分に誰かが話しかけてきた様子を想像するだけで、トラブルにまつわるバイアスを簡単に消せる」とのこと。他人へのアドバイスはすぐ思いつくのに、自分のことには間違った判断をしがちな人には、使ってみて欲しいテクニックです。

今後、何らかのトラブルや悩みが起きたら、まずは完全な他人の姿を思い浮かべてください。よく行くコンビニの店員さんでもいいですし、今街中ですれ違ったばかりの人でもいいので、とにかく目の前の問題に利害関係がない人を選ぶのが大事です。

特定の人を選んだら、最後にその人物がこちらにアドバイスをしてきたら何を言うか？と考えてみます。

・〇〇さんは、今すぐにでも会社を辞めるべきじゃない？
・〇〇さんは、食費をおさえてもっと貯金したほうがいいんじゃない？
・〇〇さん、人見知りの性格はメリットでもあるからそのままでいいのでは？

〇〇の部分には自分の名前を入れ、あくまで利害関係のない他人の視点からアドバイスを考えましょう。これで必ずしも正解が出るわけではありませんが、何もせず一人でダラダラと悩むよりは確実により良い判断が下せます。

セルフ・アザー法で「友達とのケンカ」の解決策を考える

1. 自分で解決策を考える

↓

□ 仲直りするために
プレゼントをあげようか？

- 独りよがりな判断になりがち
- 解決策がなかなか思いつかない
- ダラダラと悩み続けた

⇩

2. 別の人がアドバイスしてくれたとしたら？

↓

□ イベントに誘ってみたら？

□ 相手が好きな画家の展覧会に誘おうか？

□ 気になるといっていた焼肉店に一緒に行くか？

□ 平日のランチなら相手の抵抗が少ないのでは？

□ まずはお茶に誘って、
許してくれたら次の展開を考えたほうがよいか？

- 冷静な判断が増えた
- いろいろな立場で解決策が思いついた

3週目

他人への頼みごとへの罪悪感を減らす
↓お願いトレーニング

他人にものを頼むのが苦手な人は少なくないでしょう。「迷惑がかかるのではないか……」や「面倒くさい顔をされるのではないか……」といった不安が頭をよぎり、いつまでもお願いごとを切り出せないようなパターンです。

これまた有名なバイアスのひとつで、**多くの人には「自分の頼みなんて誰も聞いてくれないだろう」と思い込む思考のクセが備わっています**。169ページの「互恵不安」に近い内容ですが、こちらのバイアスは、自分の説得力を現実よりも過小評価しすぎてしまうのが原因で起きます。

実際に頼みごとを引き受けるかどうかはさておき、他人からのお願いに悪い感情を持つ人は少数派でしょう。それどころか、相手からの信頼を感じたおかげで、逆に良い気分になるケースのほうが多いはずです。それなのに、勝手に「嫌われるのでは……」と思い込んで頼みごとをひかえるのは、あなたに大いなる損失をもたらします。

この心理に心当たりがある人は、「お願いトレーニング」を実践してみましょう。**日々の暮らしで頼みごとをする総量を増やし、バイアスの悪影響を少しずつ減らしていくテクニック**です。

具体的なトレーニングのポイントは4つです。

ポイント1 小さな頼みごとから始める

いきなり「お金を貸して」や「残業を手伝って」などの大きなお願いをすると、バイアスが起動しやすくなります。**トレーニングの段階では、ちょっと抵抗感があるぐらいの頼みごとを選んでください。**

ただし、これは人によって基準が大きく異なり、「消しゴムを貸して」が頼めない人がいれば、「家まで送ってくれない?」が簡単に切り出せる人もいます。バイアスの強さは人それぞれなので、まずは「少し頑張れば言えそうだな……」と思えるものを選び、1日1回は必ず誰かにお願いしてみましょう。

ポイント2　頼みごとは直接的に

頼みごとをするときは、回りくどい言い回しは禁物です。

バイアスが強い人ほど「今週ヒマがあったりするかな？」や「もしよかったらでいいんだけど……」のような言い方をしますが、このような言い方は完全に逆効果。多くのデータでは、「今週末に仕事を手伝ってくれませんか？」と単刀直入に切り出したほうが、頼みごとを聞いてもらえる確率が上がるとの結果が出ています。臆せずにズバッと頼むことを心がけてください。

ポイント3　断られても2回まで粘る

頼みごとが苦手な人は、1回の「ノー」で心が折れてしまうケースが多いでしょう。せっかく勇気を出したのに断られれば、もう二度と頼みごとなどしたくないと思うのが普通です。

しかし心理学的には、ここであきらめるのは損失が大きすぎます。コーネル大学などの実験によれば、いったん「ノー」と言った人ほど、次のお願いを受け入れてくれる確率が高いことがわかっているからです。

これは、以前に同じ頼みを断ったことに対して、無意識のうちに罪悪感を持ってしまうのが原因。もし1回断られたとしても、少しだけ時間を置いてから最低でも2回は粘ってみましょう。

ポイント4 見返りは提示しない

他人に何かをしてもらいたいときには、つい見返りを提案したくなるもの。「仕事を手伝ってくれたら、来週のプレゼン資料を集めます」のように、お願いと同時に相手への見返りを提示するパターンです。

やはりバイアスが強い人にありがちな現象ですが、これまた心理学的にはNGです。実は大半の人にとっては、「他人の頼みごとを手伝ってあげる」ということこそが何より大きなモチベーションになるため、見返りを差し出すと逆に「イエス」と言う確率が下がってしまいます。

もちろん、後からお返しをするのは問題ありませんが、頼みごとと同時にお礼を切り出すのはおすすめしません。気をつけてください。

お願いトレーニングで「頼みごとへの罪悪感」を減らす

ポイント1
小さな頼みごとから始める

「ボールペン貸して」
↓
「コピーお願いしてもいい？」
↓
「この書類に目を通して意見をもらいたいんだけど…」
↓
「書類の不備の修正を手伝ってくれない？」
↓
「この案件、任せてもいいかな？」

ポイント2
頼みごとは直接的に

今週末に ｜ 仕事を ｜ 手伝ってくれませんか？
（いつ）＋（何を）＋（どうして欲しいか？）

ポイント3
断られても２回まで粘る

少しだけ時間を置いて
最低でも２回は粘る
※いったん断ると次のお願いは
「イエス」の確率UP⬆

ポイント4
見返りは提示しない

※見返りを差し出すと
「イエス」の確率DOWN⬇

4週目

ネガティブな感情は真逆のモノサシで逃れる⬇参照点をずらす

「参照点」とは、行動経済学の分野で使われる用語。物事を判断したいときに参考にする数字や尺度を意味します。

例えば、あなたが新型iPhoneの値段が15万円もするのを見て「高い！」と思ったとしましょう。これは、過去のiPhoneや他社製スマートフォンなどの価格を基準に、新製品の価値を判断したからです。つまりこの例では、「過去のiPhoneや他社製スマートフォンの価格」が参照点になります。

ところが、一方では新型iPhoneを「安い！」と感じるケースもあり得ます。具体的には、あなたが虎の子の貯金で４００万円の車を買った直後に、新型iPhoneのニュースに出くわしたとしたらどうでしょう？　格安だとまでは思わないものの、意外と手軽な価格に変わったように感じられないでしょうか？

このケースでは、さっきとは異なり「400万円の車」が参照点です。参考にするモノサシが高額になったため、その対比で、目の前の商品が安いかのように見えてしまったわけです。

参照点の変化に気づかないと、あなたの選択は簡単に操られてしまいます。

もっとも定番なのは不動産業者が使うテクニックで、まず最初に「設備も立地も最高だが家賃は手が出ないレベルの物件」を見せておき、2番目には「駅から遠く間取りも悪い最悪の物件」に案内します。要するに、まず両極端な物件で、最高と最悪の参照点を2つセットしたわけです。

最後に客の希望に即したまぁまぁの物件を見せると、2つある参照点が効果を発揮します。いきなり平凡な物件を見ても「もうひとつ別の部屋もチェックしたい」と思うだけでしょうが、**頭の中に両極端な参照点がセットされたせいで最後の物件を「意外と良いな……」と考えてしまう確率がはね上がるのです。**

自分はひっかからないと思われるかもしれませんが、私達の参照点は、驚くほど簡単に変化します。

かつてロンドン・ビジネススクールが行った研究では、被験者に「ガンジーは何歳で死んだと思いますか？」と尋ね、その際に以下のフレーズのどちらかをつけ加えました。

1　9歳より後に死んだと思いますか？

2　122歳より後に死んだと思いますか？

もちろん、どちらも無意味な数字です。そんな現実性のない数字を出されたところで、判断がゆらぐ人などいないはずでしょう。

が、現実の結果はまったく逆で、「9歳」と言われたグループは平均で「50歳で死んだ」と答え、「122歳」と言われたグループは平均で「67歳で死んだ」と答えました。無意味な数字が参照点になり、思い浮かぶ数字が左右されたわけです。この場合に参照点をずらすには、9歳と言われたら122歳で死んだ様子をイメージして、122歳と言われれば、9歳をイメージすれば良いのです。**この罠から逃れるには、意識して参照点をずらら**

すしかありません。

参照点をずらすには、日常的に「比較」を使ったトレーニングをするのが有効です。

例えば、何らかのネガティブな感情が参照点になって、正しい行動が判断できない状況を考えてみましょう。過去のプレゼンを上司にダメ出しされた経験がトラウマになり、どんな企画がいいのかわからなくなったようなケースです。

この場合は過去のトラウマが参照点なので、次のように「比較」を使います。

- 上司にほめられた過去の体験を思い出す
- 自分の企画がすんなり通った過去の体験を思い出す

トラウマとは真逆の体験をぶつけて、現在の参照点を動かしてみるわけです。

もし比較になりそうな記憶がなければ、似たような体験を使っても構いません。「子どものころ教師にほめられた体験」「学生時代のサークルで企画が通った体験」など、考え得る中でベストなものを思い出せれば効果は得られます。

どのようなパターンを使うにせよ、**一番のポイントは、ショッピングの際に様々な価格帯を調べるのと同じ気持ちで比較を行うこと**です。いろいろなサイトや店舗を見て複数の商品をチェックするように、ネガティブな感情や体験にも比較の観点を持ち込み、新たな参照点を探してみてください。

参照点をずらして「企画が通らないトラウマ」から逃れる

ネガティブな感情はポジティブな体験を
思い浮かべることで意識してずらせる

5週目

嫌な体験を和らげる
↓バリードリコール

「過去のフラれた体験を思い出してデートに誘えない」「スピーチで固まった記憶がジャマして人前でしゃべれない」……。

何かを思い出すときに、意図せずにまず過去の嫌な体験が頭に浮かぶ人は少なくないでしょう。このように、**いつも最悪のことを考えてしまって、合理的な判断ができない状態を「メモリーバイアス」と呼びます**。

昔のことに足を取られて動けないようでは、ムダな後悔も増すばかりです。心当たりがある人は、積極的にバイアスを和らげるように意識していきましょう。

「バリードリコール」は、そんな人におすすめの技法です。これはハーバード大学が提唱するトレーニングで、次のようなステップで行います。

ステップ1 ネガティブリコール

過去の失敗や恥ずかしい体験が頭に浮かんだら、他にも似たような嫌な体験をしたことがないかをできるだけ思い出していきます。例えば、「スピーチでしゃべれなくなった」という体験だったら、

・学校の発表会で緊張してオドオドした
・好きな人とのデートでガチガチに固まった
・言い間違えをして他人から笑われた

といった感じで、最悪の体験と重なりそうなネガティブ体験を、思い出せるだけ思い出してください。数に決まりはありませんが、最低でも10以上を目指してリストアップしましょう。

ステップ2 スリーチョイス

続いて、思い出したネガティブな体験の中から、適当に3つを選び出します。その基準はなんでも良く、完全にランダムに選んでもいいですし、「本当に最悪な体験ワースト3」を決めてもいいでしょう。

あとは、初めに思い出した最悪の記憶と、このステップで思い出した3つの記憶を交互に思い浮かべ、自分の気持ちにどのような変化が起きるかを観察してください。

これで「バリードリコール」は終了です。その効果には個人差があるものの、たいていの人は、ステップ2を終えた後から、なんとなく前よりも楽観的な気分に変わったのを実感できると思います。

事実、「バリードリコール」はハーバード大学のテストでも効果が確認されており、過去の嫌な体験から3つを選んだグループは、最悪の記憶をひとつだけ思い出したグループよりも、自分の未来をもっと気楽にとらえられるようになりました。

最悪の記憶をひとつだけ思い出すと、私達の意識はそこだけに向かい、いよいよ未来に悲観的なイメージだけが強調されてしまいます。ところが、ここで**「3つの嫌な体験」をさらに頭に浮かべることで、ひとつの最悪な記憶が中和される**のです。

もし富士山の周囲にも高い山が並んでいたら、いかに日本一の標高をほこっていても、今ほどのインパクトは生まれていないでしょう。同じように、**どのような最悪な記憶でも、別の体験と並べて考えればネガティブのレベルが低く感じられる**わけです。

最悪の記憶が浮かびやすい人はもちろんのこと、「参照点をずらす」（250ページ）で紹介したポジティブな記憶を思い出すような作業が苦手な人なども、重点的にこちらのトレーニングに取り組んでみてください。

バリードリコールで
「人前でしゃべれないトラウマ」を和らげる

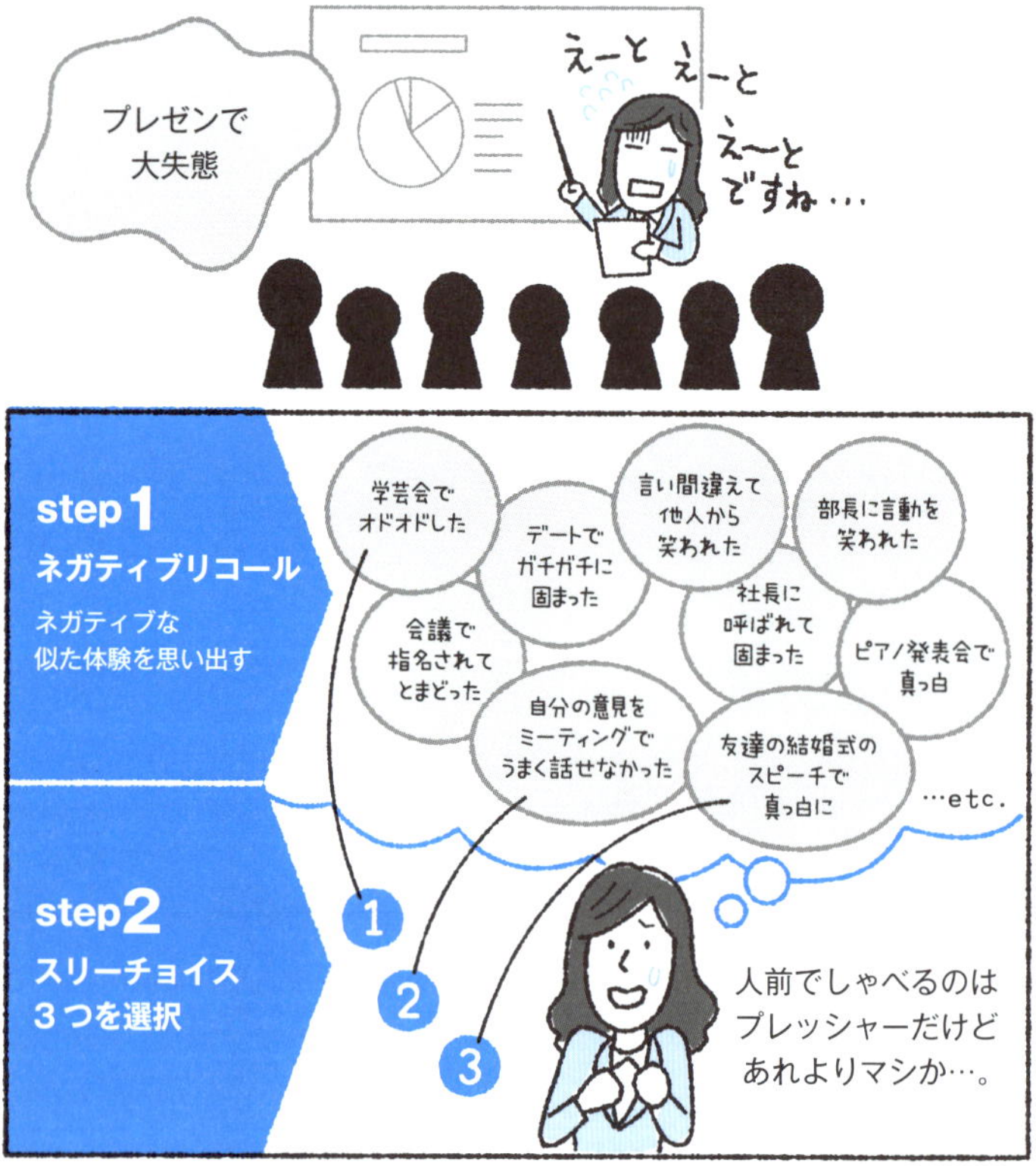

ひとつの最悪な記憶が中和されて
自分の未来を気楽にとらえられるように

02 一歩を踏み出してチャンスをつかむためのトレーニング

ここからは、バイアスにとらわれずに一歩を踏み出してチャンスをつかむためのトレーニングをお伝えします。

「現状維持バイアス」（142ページ）、「真実隠蔽バイアス」（166ページ）、「嫌儲バイアス」（158ページ）などなど、あなたに「ニセの限界」を与えて行動を縛り、せっかくのチャンスを逃す方向へ導く罠は山のように存在します。

これらの**バイアスに打ち勝つのは容易ではありませんが、悪影響を和らげるためのトレーニングがいくつか開発されています**。直観でいいので気になったものを選び、毎日の暮らしで積極的に使ってみてください。

6週目

ポジティブな気分が増す

↓記憶の宮殿

一歩を踏み出せなくなってしまう原因はいろいろ考えられますが、もっとも定番なのは、やはり恐怖心でしょう。

136ページで取り上げた「ネガティブバイアス」に代表されるように、マイナスの感情に引きずられ、頭ではわかっていても正しい行動を尻込みしてしまうケースはよく見られます。**不安や恐怖といった感情はあなたから合理的な思考を奪い、さらには目の前のチャンスを逃してしまう方向にも働く、とてもやっかいな存在**です。

そこで試して欲しいのが、この「記憶の宮殿」トレーニングです。本来は記憶力アップのために使われてきたテクニックですが、近年ではネガティブなバイアスの解除に役立つこともわかってきました。

ケンブリッジ大学などの検証によれば、記憶の宮殿を使った被験者は、それから1週間に渡ってポジティブな気分が増し、さらに積極的な行動の回数も大きく増加したそうです。ネガティブな感情のせいで一歩が踏み出せない人は、まず最初に試すべきトレーニングだと言えるでしょう。

それでは、具体的なやり方をご説明します。

ステップ1　記憶の選択

自分の中にネガティブな感情がわき上がってきたら、ポジティブな過去の体験を最低でも15個思い出してください。「入試に合格して嬉しかった」のように大きな体験でもいいですし、「友人とカフェで楽しくおしゃべりした」のような小さな喜びでも構いません。少しでもポジティブな気分になれた体験であれば、どんな記憶でも役に立ちます。

ステップ2　宮殿の選択

次に、あなたにとってなじみが深い家や部屋をひとつだけ選び、頭の中に思い描きます。一般的には自分の部屋がよく使われますが、子ども時代を過ごした実家、好きな映画やアニメに登場する家など、間取りや内装が細かくイメージできるようであれば、どんなものを選んでも問題ありません。これが、あなたにとっての「宮殿」になります。

ステップ3 記憶の配置

ここでは、先ほど決めた「宮殿」の室内に、ステップ1で選んだ15の記憶を配置していきます。

ちょっとイメージしにくいかもしれませんが、例えばあなたが「大好きな友達とコーヒーショップで楽しい会話をした」という記憶を選び、これを「自分が子ども時代に住んでいた家」に置きたいとしましょう。この場合は、まず家の玄関がコーヒーショップの入り口に変わったかのようにイメージし、その前で友達がほほえんでいる様子を思い浮かべればOKです。宮殿をどのように変えても構わないので、少々強引にでも記憶と結びつけてみてください。

もし記憶を置く方法が思いつかないときは、シンプルに「友達とカフェで楽しい会話をした」という文字が書かれた看板を思い描き、これをソファの上や玄関前に置くのもアリです。細かいことにはこだわらず、とにかく宮殿内を良い記憶で埋め尽くしましょう。

記憶の宮殿でネガティブな感情を解除する

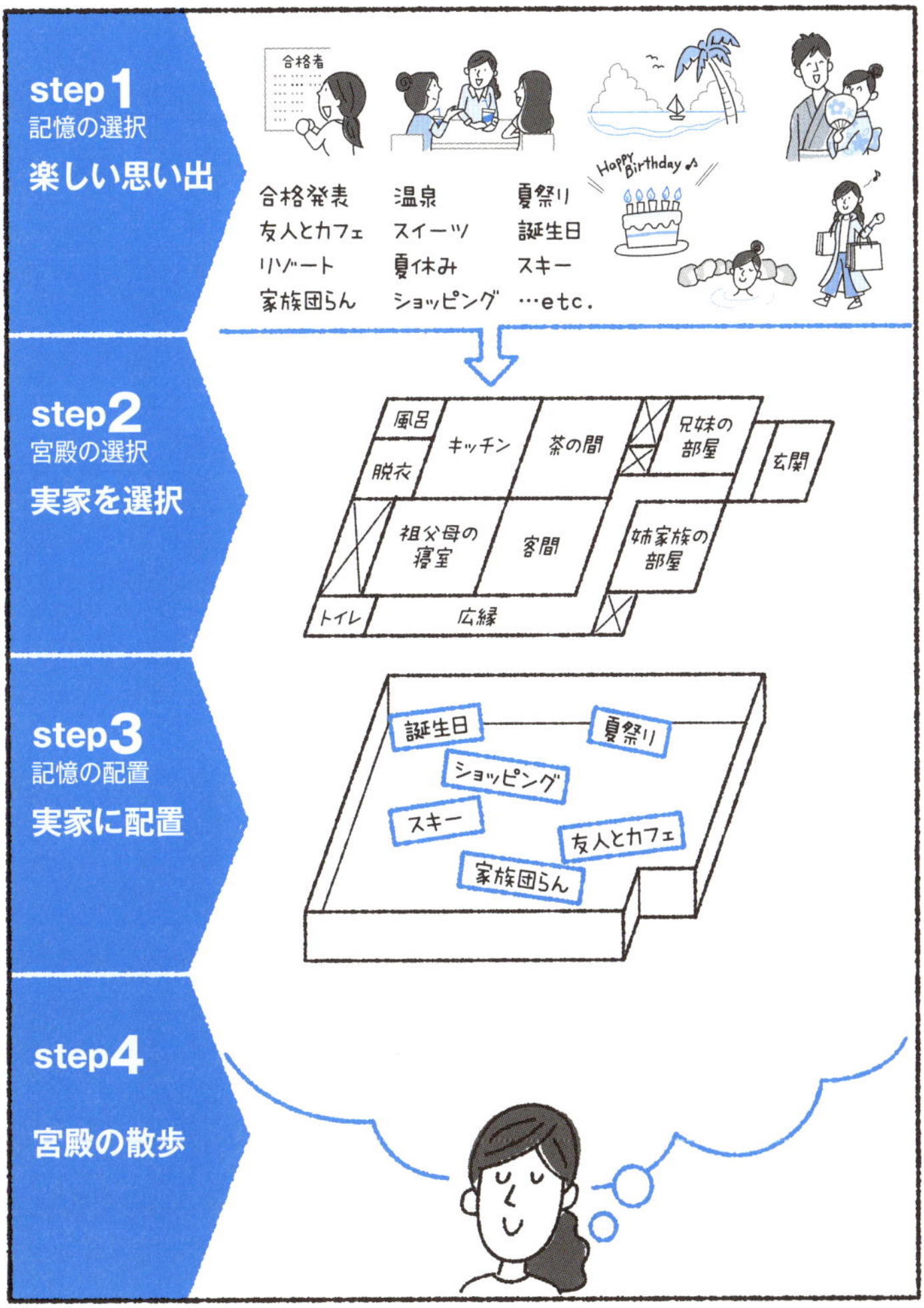

ステップ4 宮殿の散歩

最後に、完成した「記憶の宮殿」の中を軽く散歩してください。5～10分ぐらいでいいので、頭の中の宮殿を自分が歩き回り、過去のポジティブな記憶を客観的にながめている様子をイメージしたらトレーニングは終了。1日1回でいいので、1週間ほど続けてみましょう。

7週目　自分をいたわる姿勢を養う

↓ 架空のキャラ作り

積極的な行動が取れない人は、**「逆自己奉仕バイアス」**という心のクセを持っているケースがよくあります。これは**「良いことは他人のおかげだが、悪いことは自分のせいで起きる」と考えてしまう心理傾向**を指し、これに何も対処しないとうつ病のリスクがはね上がることがわかっています。

何かトラブルが起きるたびに「あのときヘンなことを言わなければ……」や「もっと早く仕事に手をつけておけば……」などと自分を責めてばかりいれば、あらゆることに腰が重くなっていくのは当然のこと。うつ病まで深刻な問題にいたらずとも、逆自己奉仕バイアスが積極的な行動の妨げになるのは明らかでしょう。

このように自分を責めがちな人におすすめな考え方が、**「セルフコンパッション」**です。

直訳すれば「自分への優しさ」となり、大好きな親友を思いやるときのように、自らにもいたわりの心を向ける態度を指します。

心理学の世界ではここ十数年で研究が進んだ分野で、「セルフコンパッション」を身につけた人は劣等感や恥の感覚が和らぎ、うつ病のリスクが大幅に減少。同時に積極的な行動を取れるようになり、仕事のパフォーマンスも向上を見せたとの報告が多く出ています。自分への思いやりが増したおかげで、トラブルが起きても「自分はダメな人間だ！」といった気持ちにハマりにくくなり、自然と自信に満ちた気持ちが生まれたのが原因のようです。

こういうと、よく「それは自己中心的ではないか？」と言う人がいます。自分を責めない態度は「甘え」につながり、トラブルから学ぶ姿勢を失ってしまうのではないか？といった指摘です。

この疑問にも一理はありますが、「セルフコンパッション」のポイントとは、あくまで自己批判をいったん棚上げしておき、そのうえで自分をいたわる姿勢を養うところです。

例えば、あなたが仕事でミスをして上司に怒られた場合、いたずらに「なんてバカなことをしたんだろう……」と考え続けたところで、メンタルを病むばかりで何も進展はしません。この時点で本当に大事なのは、ミスが起きた原因を突き止めて、理性的に再発の防止策を考えることでしょう。

そこで、「セルフコンパッション」の出番です。自己批判の気持ちがわき上がってどうにもならなくなったら、自分への優しさで暴走する感情をいったんなだめてチルアウト。冷静な態度が戻ったところでトラブルへの対処を考えれば良いのです。たんに自分を責め続けたときと比べて、どちらが本当に「トラブルから学ぶ姿勢」として正しいのかは言うまでもありません。

「セルフコンパッション」を養う手法は様々ですが、もっとも使いやすいのは「架空のキャラ作り」というトレーニング法です。その名のとおり、自分の頭の中に優しい性格の人物を設定しておくテクニックになります。

具体的には、次のように行ってください。

ステップ1 安全な場所のイメージ

「自分はダメだ……」のように批判的な気持ちが出てきたら、いったん目を閉じて、「どんな悪いことも起きない安全な場所」をイメージしてください。あなたが幼年期を過ごした部屋でもいいですし、人里離れた土地にたたずむ別荘を思い描いても構いません。心の底から安心感を得られるような場所を選びましょう。

ステップ2 架空のキャラ作り

優しくて思いやりにあふれた、あなたにとって理想的な人物を頭の中に思い描きます。それは、ナイチンゲールのような歴史上の偉人かもしれませんし、ドラえもんのような完全に架空のキャラかもしれませんし、死んだおばあちゃんのような実在の人物かもしれません。自分が「この人は手放しで優しいなぁ」と思えるキャラであれば、誰を選んでもOKです。

ステップ3 キャラとの対話

最後に、ステップ2でイメージした理想の人物が、ステップ1の場所で今のあなたにどんなアドバイスをしてくれそうかを考えてみてください。

例えば、ある実験の被験者は、ダイエット中にお菓子を食べすぎてヘコんだとき、架空のおばあちゃんにこう言ってもらったそうです。

「あなたは悲しい気分をまぎらわせようとして、クッキーをたくさん食べちゃったのね。でも、それでもっと気分が悪くなっちゃったんでしょう。（中略）これから散歩にでも出かけるのはどう？」

ネガティブな思考は否定せず、よりポジティブな代替案を出してやるのがポイント。

「ドラえもんだったらどう言ってくれるだろう？」などと考えて、自分にしっくりくるアドバイスを考えてみてください。

架空のキャラ作りで「トラブルでヘコんだ自分」をいたわる

8週目 被害者意識から成長志向に切り替える
↓What自問

何度もお伝えしてきたとおり、人間は自分の限界を正しく知るのが苦手な生き物。心の中では常に多種多様なバイアスがせめぎあい、あなたの判断をゆがめるからです。自分を正しく知るには204ページで取り上げた「クリティカル・シンキング」の技法を学ぶのがベストですが、ここではもう少し手軽に取り組める「What自問」というトレーニングを紹介します。

これは組織心理学の世界でよく使われるテクニックで、自分の身に起きたトラブルを、「なぜ?」ではなく「何?」で聞いてみる方法です。いくつか具体的な例を見てみましょう。

・「私はなぜこの仕事が嫌いなのか?」ではなく「私はこの仕事の何が嫌いなのか?」と自問する
・「なぜパートナーとうまくいかないのか?」ではなく「パートナーとの不和をもたらす原因は何か?」と自問する
・「なぜお菓子を食べてしまうのか?」ではなく「お菓子を食べたくなる理由は何か?」と自問する

このように、トラブルに対して「なぜこんな事態になったのだろう?」と考えるのではなく、「この問題で取れる対策はなんだろう?」のように、自問自答の内容を変換していくわけです。

解決策が出せなくてモヤモヤしたら、すかさず「何?」の質問に切り替えてください。その直後から、なんだか気持ちがスッとしてくるはずです。

What自問の効果が高いのは、そもそも**「なぜ?」という質問には、被害者意識を生みやすい性質があるからです**。

例えば、「私はなぜこの仕事が嫌いなのか？」と考えた場合、反射的に浮かぶ答えはどのようなものでしょうか？

会社の福利厚生がなってないから、私はこの仕事に向いていないから、同僚が嫌な人間ばかりだから……。

自分を責めるか他人を責めるかの違いはあっても、いずれも自分が被害者であるかのような思考に陥っています。**「なぜ？」という質問で問題の原因だけにフォーカスした結果、前向きな対策にまで意識がまわらなくなったから**です。

一方で、「私はこの仕事の何が嫌いなのか？」と考えると、事態は一気に好転します。

会社の福利厚生を改善するために上にかけあおうか、もっと自分を活かせる仕事に変わろうか、嫌な同僚とうまくやるにはどうすればいいか……。

先ほどよりも解決策のほうへ意識が向かい、より前向きな思考が浮かびやすくなったはずです。つまり、**被害者意識から成長志向に切り替わった**わけです。

「What自問」は即効性が高いテクニックなので、日常的にトレーニングを重ね、いざという場面ですぐに使えるようにしておくと良いでしょう。

What自問で「会社に行きたくない被害者意識」を成長志向に切り替える

もう会社
行きたくない…。
仕事を考えると
頭が痛くなる…。

step1 「なぜ？」を「何？」に転換	私は「なぜ」会社に行きたくないか？ ↓ 私は会社の「何」が嫌いなのか？
step2 原因を探る	私は会社の「上司の怒りに振り回される」のが嫌だった！
step3 対策を考える	・感情の波の激しい「上司」との付き合い方をネットで調べよう ・怒りについての本を読んで勉強しよう ・同僚はどうしているかを聞いてみよう

9週目

フラットな状態で未来を考える↓可能性イメージング

『明日の幸せを科学する』などの著作で有名なダニエル・ギルバート博士は、２００５年の実験で、人間がいかに「感情の予測」が下手な生き物なのかを明らかにしました。

簡単に言えば、**大半の人は「どんな出来事が自分を幸せな気分にしてくれるのか？」や「その気分がどのくらい長続きするか？」**などの問題を正しく予測できない、という意味です。

この傾向は複数の実験で確認されており、例えば「今のパートナーと別れたらどうなると思いますか？」と尋ねられると、９割の人間は「人生はどん底になるだろう」と答えます。ところが、その後に本当にパートナーと別れてしまった被験者に再インタビューを行ったところ、彼らの気分は予想よりはるかに良かったのです。

この現象は、一般に「インパクトバイアス」と呼ばれます。「未来の自分は幸せだろう（または不幸だろう）」と実際よりも大きく見積もり、そのせいで正しい判断ができない状態のことです。

「インパクトバイアス」はあらゆる場面で起きる現象で、他にもこんな事例が確認されています。

・ほとんどのスポーツファンは「自分の応援チームが勝ったら最高の気分だろう」と予測したが、実際の幸福度はさほどでもなかった

・研究者に行ったインタビューでは、ほぼ全員が「終身在職権を手に入れたら最高だろう」と考えたものの、それが現実になった後の気分は「少し嬉しい」ぐらいのレベルだった

誰にでもおなじみの心理でしょうが、「インパクトバイアス」を放っておくと、あなた

の人生には大きな悪影響が出ます。

「大金を手に入れたら最高だろう」と考えてムダに宝くじを買ってしまったり、「知らない人だらけのパーティに行っても楽しくないだろう」と感じて無闇にコミュニケーションを避けてしまったり……。

本当は幸福に結びつかない偽のゴールに突き進むか、それとも必要以上に将来を怖がってチャンスを逃すか。いずれにせよ、未来での後悔が激増するのは確実です。

「可能性イメージング」は、そんなバイアスから逃れるためのトレーニングです。具体的には、次の2ステップで行ってください。

ステップ1　インパクトバイアスの想起

最初に「人間は自分の感情を予測するのが苦手な生き物だ」という事実を思い出し、それゆえに**「ネガティブな感情もポジティブな感情も、未来には思うほどのインパクトがない」ことを意識してください**。頭の中だけで考えるよりは、口に出してつぶやいたほうが効果は高くなります。

ステップ2 可能性の列挙

自分の未来予想に対して、他にも起こりそうなことをかたっぱしからイメージしていきます。例えば、「知らない人だらけのパーティに行っても楽しくない」という予想であれば、こんな感じです。

・初対面の人と意外に会話が弾んだ情景
・偶然にも知っている人が参加していた場面
・パーティで意外にも仕事につながるコネができたシーン
・実際にパーティには行かず家でゴロゴロしている様子

ポジティブな未来でもネガティブな未来でも構わないので、自分が思いつく限りの出来事をどんどんリストアップしてください。

実際に試してみるとわかりますが、起こりそうな未来を次々にイメージしていく可能性イメージングを行うと、特定の出来事に意識が向かなくなり、ほどなくフラットな状態で物事を見られるようになります。それで実際にパーティに行くかどうかはわかりませんが、「思ったよりは楽しめそうだし別に退屈でも問題はなさそうだな……」ぐらいの現実的な気持ちに落ち着くはずです。

未来の決断に迷うような状況が起きたら、「可能性イメージング」のトレーニングを試してみましょう。

可能性イメージングで「気のすすまないパーティに出席」をフラットな状態で考える

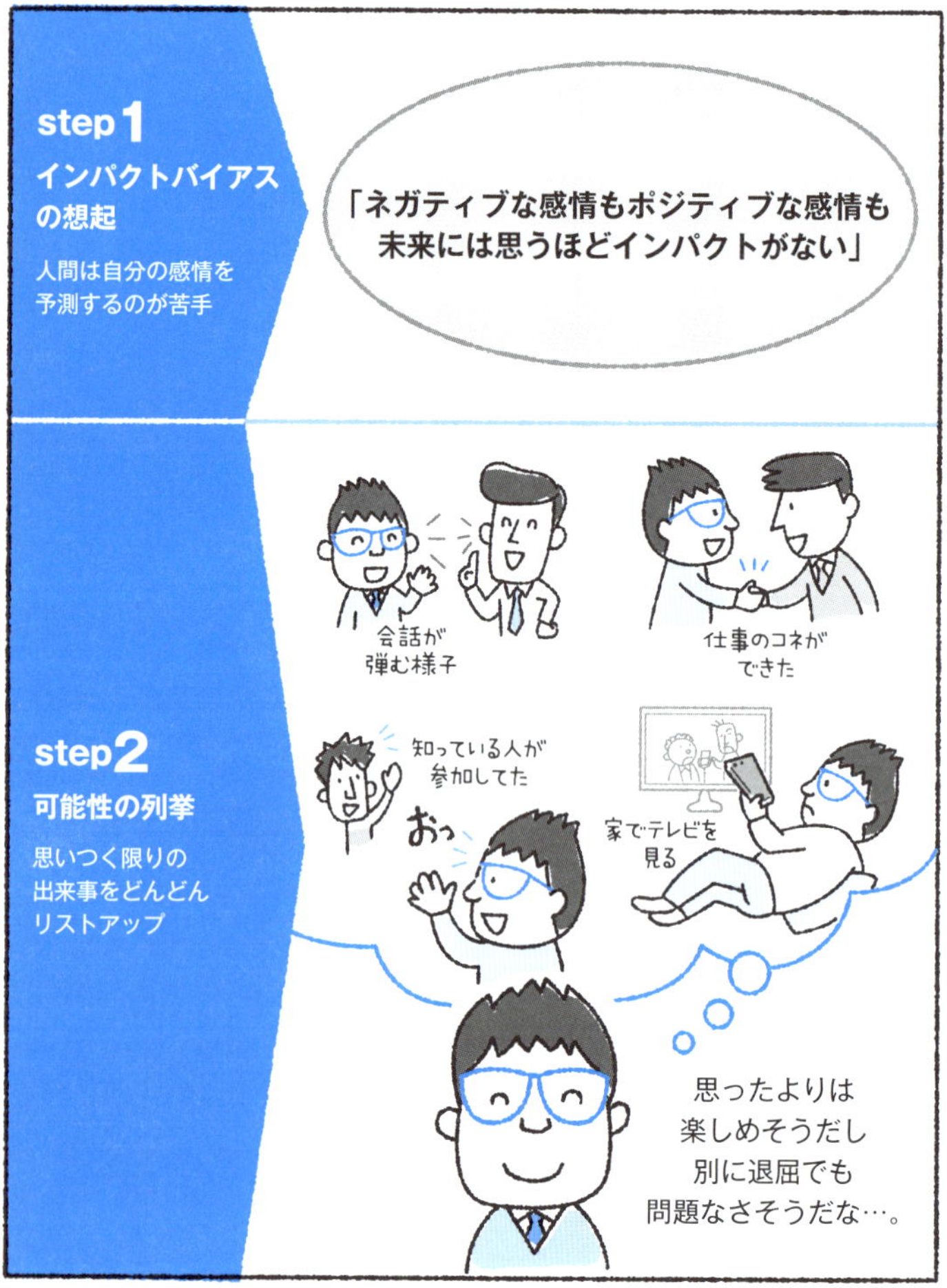

10週目 大きな視点で物事を考える ↓ 徳を求める

最後のトレーニングは、「徳を求める」です。美徳と言うと何やら古めかしい響きですが、別に倫理の教科書めいたことを言いたいわけではありません。

このトレーニングでいう「徳」とは、

・他人や世間の役に立つことをしたい
・自分が信じていることに忠実に行動したい

といったように、「自分の行動には正しい理由があるのだ！」と偽りなく思える状態を意味します。このようなモチベーションで行動できれば、少しのトラブルにも気持ちがくじけず、積極的な行動が取れるのは間違いないでしょう。

きれいごとのように思われたかもしれませんが、「徳」のメリットは複数の実験で確認されています。

一例としてウォータールー大学による実験では、まず被験者がどれだけ「徳の高さに重きを置いているか?」を調べ、それから全員に「あなたが今のパートナーとケンカ別れ寸前の状態だと想像してください。どのような解決策が考えられますか?」と尋ねました。その後、すべての回答を第三者に採点させたところ、**日常的に徳の高さを重視する人ほど多彩な視点から判断を行い、バリエーションに富んだ解決策を思いつきやすい傾向があったのです。**

この結果について研究チームは、「徳の高さによって人間の目を曇らせるバイアスを乗り越えたのだろう」と指摘します。簡単にメカニズムを説明しましょう。

第一に、**徳を求める人は「社会の役に立つことをしたい」と願う気持ちが強いため、自然と大きな視点で物事を考える傾向があります。**そのせいで自分だけの思考から解き放たれ、「今の知識や考え方は、トラブルの理解に十分とは言えないのでは?」と気づきやすくなるのです。

「徳の高さ」がバイアスの解除に効く事実は、他にも多くデータで認められており、疑いようがありません。お気づきのとおり、この状態は216ページからお伝えした「知的謙遜」と同じであり、この意味で**「徳を求める」作業は、すべてのバイアスに立ち向かう特効薬にもなりえる**ものです。

「徳を求める」ためのトレーニングは、さして難しくありません。他人のために行動した過去の偉人や、信念を貫いて大きなゴールを達成した経営者や篤志家など、あなたが尊敬できる人物のエピソードや伝記を読むだけでも、頭の中には「徳」のタネがインストールされます。

もちろん、自らを犠牲にして悪と戦うヒーローを描いたような映画やアニメ、漫画でも構いません。**「この考え方はお手本にしたい！」と思える人物やキャラの行動に、定期的に触れてみてください**。

また近年では、自分を超えた大きな行動がもたらすメリットを、科学的に検証した本も増えてきました。以下に紹介するような本を読んでみるのも、「徳」の気持ちを養うには

徳の高さで「パートナーとケンカ別れ寸前」を大きな視点で考える

step1
「徳の高さ」をイメージする

徳の高い人だったらどうする？
↓
尊敬する人の名言集を読んでみた

理解できないと投げ出す前に、理解しようと相手と同じレベルに立って感じることを心がけましょう
↓
仕事のストレスが溜まってたからなのかな。様子を見守ろう

さっさと別れて自分の良さを認めてくれる人を探すこと
↓
最終的には、そういう考え方もあるよな

step2
解決策を考える

有用です。

・アダム・グラント『GIVE & TAKE「与える人」こそ成功する時代』三笠書房
・デイビッド・ハミルトン『親切は脳に効く』サンマーク出版
・ショーン・エイカー『潜在能力を最高に引き出す法 ビッグ・ポテンシャル 人を成功させ、自分の利益も最大にする5つの種』徳間書店
・ウィリアム・マッカスキル『〈効果的な利他主義〉宣言！ ―慈善活動への科学的アプローチ』みすず書房
・カーリン・フローラ『あなたはなぜ「友だち」が必要なのか』原書房

いずれもデータをもとに他人や社会に尽くすことの効能を説いており、たんに「道徳的になろう！」と言われるよりも飲み込みやすいでしょう。週に数ページずつでもいいので、ぜひ読み進めてみてください。

▼あとがき　メンタリストの特技は「あきらめること」

私がこれまでにハマったバイアスは、まえがきで述べたとおりです。

本書であげた例で言えば、さしづめ「隠れナルシストバイアス」と「価値フィルタバイアス」のミックスといったところでしょうか。今思えば、完全に心理的なトラップに引っかかった状態でした。

くり返し述べてきたように、この問題を解決するには、自分のバイアスに気づいて仮説の検証を続けるしかありません。しかし、そのプロセスは決して簡単なものではなく、皆さんも検証の過程で何度となく失敗に見舞われるでしょう。失敗は成功の母だとはわかっていてもやはり楽しいものではなく、かく言う私も心が折れそうになったことは何度もあります。

そこで本書の最後に、もうひとつだけTIPSをあげておきましょう。

失敗に負けそうになったときに必要な作業とは、ズバリ「あきらめる」ことです。仮説が間違いだと明らかになった時点で、今までやってきたことを完全に放り投げるのです。

なんだかネガティブな話のように思われるかもしれませんが、決してそんなことはありません。

この本でお伝えした「本当の限界」とは、いわば絶対に超えられない壁のようなもの。すでに誤りだとわかったことに、いつまでもしがみつくのはムダでしかないでしょう。となれば、残る道はただひとつ、すべてを手放すしかないはずです。私が最終的に芸能界の道をあきらめたように、「できないことはできないし、する必要もない」と徹底的に認めないと前には進めないのです。


本書でお伝えしたテクニックで自分の真の限界に気づいたら、ぜひ正しく人生をあきらめるように意識してください。そのプロセスには苦痛がともないますが、無闇に限界を超えようとあがくよりは確実に成功に近づきます。

そのくり返しが、あなたを本当に豊かな人生に導くのです。

Gavin Cassar et al. (2008) An investigation of hindsight bias in nascent venture activity
Pablo Bricol et al.(2006)The Malleable Meaning of Subjective Ease
Igor Grossmann,Ethan Kross(2014)Exploring Solomon's Paradox: SelfDistancing Eliminates the Self-Other Asymmetry in Wise Reasoning About Close Relationships in Younger and Older Adults
IlanYanivShohamChoshen-Hillel. et al.(2012) When guessing what another person would say is better than giving your own opinion: Using perspective-taking to improve advice-taking
Strack, Fritz,Mussweiler, Thomas. et al. (1997) Explaining the enigmatic anchoring effect: Mechanisms of selective accessibility.
Wilson, T. D., & Gilbert, D. T. (2005). Affective Forecasting: Knowing What to Want. Current Directions in Psychological Science
Morewedge, C. K., Gilbert, D. T., & Wilson, T. D. (2005). How Remembering the Past Biases Forecasts of the Future.
Tim Dalgleish et al. (2013) Method-of-Loci as a Mnemonic Device to Facilitate Access to Self-Affirming Personal Memories for Individuals With Depression

Julie Sweetl et al.(2017)Finding the Frame: A FrameWorks Research Report An Empirical Approach to Reframing Aging and Ageism

Derek Powell et al.(2017)The Love of Large Numbers: A Popularity Bias in Consumer Choice

Bhattacharjee, A., Dana, J., & Baron, J. (2017). Anti-profit beliefs: How people neglect the societal benefits of profit.

Taly Reich et al.(2017)Made by Mistake: When Mistakes Increase Product Preference

Johnny King L Lau, Hiroki Ozono, Kei Kuratomi, Asuka Komiya, Kou Murayama(2018) Hunger for Knowledge: How the Irresistible Lure of Curiosity is Generated in the Brain

Emma Levine et al.(2017)You Can Handle the Truth: Mispredicting the Consequences of Honest Communication

XilingXiong et al.(2018)Reciprocity anxiety: Individual differences in feeling discomfort in reciprocity situations

Amit Kumar, Nicholas Epley(2018)Undervaluing Gratitude: Expressers Misunderstand the Consequences of Showing Appreciation

Daniel E. Re, Sylvia A. Wang, Joyce C. He(2016)Selfie Indulgence: Self-Favoring Biases in Perceptions of Selfies

Richard E. Daws et al.(2017)The Negative Relationship between Reasoning and Religiosity Is Underpinned by a Bias for Intuitive Responses Specifically When Intuition and Logic Are in Conflict

Heather A.Butler et al.(2017)Predicting real-world outcomes: Critical thinking ability is a better predictor of life decisions than intelligence Author links open overlay panel

Mark R. Leary et al.(2017)Cognitive and Interpersonal Features of Intellectual Humility

Kimberly D. Tanner(2017)Promoting Student Metacognition

Alice Boyes(2013)The Self-Serving Bias - Definition, Research, and Antidotes

Don A.Moore(2007)Not so above average after all: When people believe they are worse than average and its implications for theories of bias in social comparison

Tasha Eurich(2017)Insight: The Surprising Truth About How Others See Us, How We See Ourselves, and Why the Answers Matter More Than We Think

Alex C. Huynh et al.(2017)The Wisdom in Virtue: Pursuit of Virtue Predicts Wise Reasoning About Personal Conflicts

参考文献

Jang KL. et al.(1996)Heritability of the big five personality dimensions and their facets: a twin study.

Philip A.Vernon et al.(2008)A behavioral genetic investigation of humor styles and their correlations with the Big-5 personality dimensions Author links open overlay panel

R A Power et al.(2015)Heritability estimates of the Big Five personality traits based on common genetic variants

Jack B. Soll, Katherine L. Milkman, and John W. Payne (2013)A USER'S GUIDE TO DEBIASING

Jack B. Soll et al.(2014)A User's Guide to Debiasing

David DeSteno et al.(2014)Gratitude: A Tool for Reducing Economic Impatience

Chernyak, N., Leech, K. A., & Rowe, M. L.(2017)Training preschoolers' prospective abilities through conversation about the extended self.

Erica J. Boothby et al.(2018)The Liking Gap in Conversations: Do People Like Us More Than We Think?

Deri S, Davidai S, Gilovich T(2017)Home alone: Why people believe others' social lives are richer than their own.

Nina Strohminger et al.(2017)The True Self: A Psychological Concept Distinct From the Self

Ying Hu et al.(2018)First Impressions of Personality Traits From Body Shapes

Jordan B. Leitner et al.(2016)Blacks' Death Rate Due to Circulatory Diseases Is Positively Related to Whites' Explicit Racial Bias: A Nationwide Investigation Using Project Implicit

Amanda N. Stephens et al.(2012)Drivers Display Anger - Congruent Attention to Potential Traffic Hazards

Meng Zhu et al.(2018)The Mere Urgency Effect

Steven D. Levitt(2016)Heads or Tails: The Impact of a Coin Toss on Major Life Decisions and Subsequent Happiness

Adelle X. Yang et al.(2018)The Smile-Seeking Hypothesis: How Immediate Affective Reactions Motivate and Reward Gift Giving

Franklin Zaromb Adam Lewis Putnam Henry Lederer Roediger III(2018)We Made History: Citizens of 35 Countries Overestimate their Nation's Role in World History

著者プロフィール

メンタリスト DaiGo（めんたりすと・だいご）

慶応義塾大学理工学部物理情報工学科卒業。人の心をつくることに興味を持ち、人工知能記憶材料系マテリアルサイエンスを研究。英国発祥のメンタリズムを日本のメディアに初めて紹介し、日本唯一のメンタリストとして数百のTV番組に出演。その後、活動をビジネスおよびアカデミックな方向へと転換し、企業のビジネスアドバイザーやプロダクト開発、作家、大学教授として活動中。日々インプットした膨大な情報・スキルを独自の勉強法で体得し、驚異的な成果をあげ続けている。
著書は累計300万部、『トークいらずの営業術』『直観力』（ともにリベラル社）、『人生を思い通りに操る 片づけの心理法則』（学研）ほかヒット作多数。

オフィシャルサイト
http://daigo.jp

ニコニコチャンネル／メンタリストDaiGoの「心理分析してみた！」
https://ch.nicovideo.jp/mentalist

編集協力　鈴木祐
デザイン　菊池祐
イラスト・図版　BIKKE
校正　土井明弘
カバー撮影　浦川一憲（IKKEN）
ヘアメイク　永瀬多壱（Vanites）
スタイリング　松野宗和
衣装協力　麻布テーラー（電話 03-3401-5788）
DTP　渡辺靖子（リベラル社）
編集人　伊藤光恵（リベラル社）
営業　津村卓（リベラル社）

編集部　堀友香・山田吉之・高清水純
営業部　津田滋春・廣田修・青木ちはる・榎正樹・澤順二・大野勝司

無理なく限界を突破するための心理学 **突破力**

2019年5月30日　初版

著　者　メンタリストDaiGo
発行者　隅　田　直　樹
発行所　株式会社　リベラル社
〒460-0008 名古屋市中区栄3-7-9 新鏡栄ビル8F
TEL 052-261-9101　FAX 052-261-9134
http://liberalsya.com
発　売　株式会社　星雲社
〒112-0005 東京都文京区水道1-3-30
TEL 03-3868-3275

　ISBN978-4-434-25974-6

リベラル社

メンタリストDaiGo　好評既刊

トークいらずの営業術

（四六判／192ページ／1,300円+税）

「モノを売るための絶対法則」を明かす、DaiGo初の営業本。営業トークに頼らずに契約を取り、商品を売る「5つの力」を紹介。ほんの少しやり方を変えるだけで、誰でも驚くほど売上げが伸びる1冊。

直観力

（四六判／256ページ／1,300円+税）

日本一のメンタリストが明かす、初の直観本。直観は鍛えることのできる技術。コツを掴むだけで、驚くほど高速に決断できるテクニックを収録！　仕事、恋愛、夢…。即断即決で全てを手に入れる人は『直観力』を磨いていた！